Monika Schulze

# ZWERGE, WICHTEL, WESENHAFTE

Verlust und Wiedergewinn einer alten Beziehung

Monika Schulze

# ZWERGE, WICHTEL, WESENHAFTE

Verlust und Wiedergewinn einer alten Beziehung

EDITION GRALSWELT

KULTUR

Die Deutsche Bibliothek – CIP-Einheitsaufnahme

**Schulze, Monika:**
Zwerge, Wichtel, Wesenhafte / Monika Schulze. –
Stuttgart: Verl. der Stiftung Gralsbotschaft, 2001
(Edition GralsWelt)
ISBN 3-87860-297-9

Bildnachweis: Titelbild: AKG Berlin, „Schneewittchen", nach
Aquarell von Paul Hey; Seite 7: Köln Tourismus, Heinzelmänn-
chen-Brunnen; Seite 26: AKG, Berlin, Scherenschnitt von Johanna
Beckmann, 1917; Seite 61: AKG Berlin, „Jakobs Traum von der
Himmelsleiter" von Frans Francken; Seite 108: „Der Große Mor-
gen" von Philipp Otto Runge, 1809.

© 2001 by Verlag der Stiftung Gralsbotschaft, Stuttgart
Alle Rechte vorbehalten.
2. Auflage 2002
Gestaltung: Mediaservice Huemer
Druck und Bindung: Clausen & Bosse, Leck
Printed in Germany

# Inhalt

# »O weh! nun sind sie alle fort!«

## Das Bewußtsein des Verlustes

Das ZDF, das „Zweite Deutsche Fernsehen", verfügt im Rahmen seiner abendlichen Werbesendungen über ein paar in vieler Hinsicht ungewöhnliche Mitarbeiter: Sie sind klein, behend und quirlig, tragen bunte Zipfelhauben, kommen aus der Zeichentrickkiste und heißen „Mainzelmännchen". Von drolligen Späßen begleitet, ist die An- und Absage der Werbesendung ihre Aufgabe, und zwischen den einzelnen Spots präsentieren sie Kurz-Aktivitäten mit überraschenden Effekten. Seit Jahrzehnten freut sich groß und klein an den Zeichentrick-Zwerglein und ihren Umtrieben. Ohne sie ist diese Werbesendung kaum mehr vorstellbar. Ein Fernsehzuschauer, befragt, woran ihre Dauer-Beliebtheit liegen könnte, würde wahrscheinlich antworten: „Es liegt einfach an dem Können und dem unerschöpflichen Ideenreichtum der Mainzelmännchen-Zeichner und ihrer Redakteure." Durchaus wahr und einleuchtend.

Aber reicht die Erklärung aus, um die erstaunliche Langlebigkeit der Mainzelmännchen im ansonsten so schnellebigen Medium Fernsehen zu erklären? Oder spielt hier noch etwas Imaginäres, schwer zu Fassendes mit? Insofern vielleicht, als diese tele-visionären „Geschöpfe" auf der Basis von Freude und Sympathie ihrer Fans für diese eine Wesenhaftigkeit verkörpern, welche sie mehr gemüts-visionär als bewußt mit Gestalten aus Märchen und Mythen verbinden. Deren moderne Nachbildungen in handfester, materieller Form als Garten- oder Märchenzwerge, von lebensgroß bis winzig klein, „boomen" seit Jahren, weil sie mittlerweile Sammlerobjekte sind. Als solche führen sie ein genauso dauerhaftes Leben wie ihre Zeichentrick-Verwandten vom ZDF, die Mainzelmännchen …

Diese wiederum beziehen ihre große Publikumswirkung nicht zuletzt und in ähnlicher Weise wie die Gartenzwerge & Co. aus mythischer Quelle: denn für die Mainzelmännchen standen die Heinzelmännchen aus dem keine zweihundert Kilometer rheinabwärts gelegenen Köln „Pate", wo sie der Sage nach zu Hause waren und die Bürger mit ihrer Hände Fleiß unterstützten. Ihnen zu Ehren gibt es in Köln sogar ein Denkmal und ein Werk der Literatur dazu. Beides, Denkmal wie literarisches Werk, ist einer näheren Betrachtung wert.

Zuerst das literarische Werk als das ältere von beiden und als ideeller Hintergrund des Denkmals: es ist die „Heinzelmännchen-Sage" des spätromantischen deutschen Dichters August Kopisch (1799–1853). Er hatte ein Faible für volkstümliches

Lied- und Sagengut und veröffentlichte 1836 seine Reimerzäh-
lung von den Kölner Heinzelmännchen.

### DIE HEINZELMÄNNCHEN ZU KÖLN

*»Wie war zu Köln es doch vordem*
*mit Heinzelmännchen so bequem!*
*Denn war man faul, man legte sich*
*hin auf die Bank und pflegte sich:*
*Da kamen bei Nacht,*
*ehe man's gedacht,*
*die Männlein und schwärmten*
*und klappten und lärmten*
*und rupften und zupften*
*und hüpften und trabten*
*und putzten und schabten,*
*und eh' ein Faulpelz noch erwacht,*
*war all sein Tagewerk – bereits gemacht!*
*Die Zimmerleute streckten sich*
*hin auf die Spän' und reckten sich.*
*Indessen kam die Geisterschar*
*und sah, was da zu zimmern war,*
*nahm Meißel und Beil*
*und die Säg' in Eil', (...)*
*Eh' sich's der Zimmermann versah –*
*klapp, stand das ganze Haus –*
*schon fertig da!*
*Beim Bäckermeister war nicht Not,*
*die Heinzelmännchen backten Brot.*
*Die faulen Burschen legten sich,*
*die Heinzelmännchen regten sich (...)*

9

*Beim Fleischer ging es just so zu:*
*Gesell' und Bursche lag in Ruh';*
*indessen kamen die Männlein her (…)*
*Tat der Gesell' die Augen auf –*
*wapp, hing die Wurst schon da*
*zum Ausverkauf!*
*(…)*
*Beim Schenken war es so: Es trank*
*der Küfer, bis er niedersank;*
*am hohlen Fasse schlief er ein,*
*die Männlein sorgten um den Wein.*
*(…)*
*Einst hatt' ein Schneider große Pein:*
*der Staatsrock sollte fertig sein;*
*warf hin das Zeug und legte sich*
*hin auf das Ohr und pflegte sich.*
*Da schlüpften sie frisch*
*in den Schneidertisch*
*und schnitten und rückten*
*und nähten und stickten*
*und faßten und paßten*
*und strichen und guckten*
*und zupften und ruckten.*
*Und eh' mein Schneiderlein erwacht,*
*war Bürgermeisters Rock –*
*bereits gemacht!*
*Neugierig war des Schneiders Weib*
*und macht sich diesen Zeitvertreib:*
*streut Erbsen hin die andre Nacht.*
*Die Heinzelmännchen kommen sacht:*

*eins fährt nun aus,*
*schlägt hin im Haus,*
*die gleiten von Stufen,*
*die plumpen in Kufen,*
*die fallen mit Schallen,*
*die lärmen und schreien*
*und vermaledeien.*
*Sie springt hinunter auf den Schall*
*mit Licht – husch, husch, husch, husch –*
*verschwinden all'.*
*Oh weh! nun sind sie alle fort!*
*und keines ist mehr hier am Ort:*
*man kann nicht mehr wie sonsten ruhn,*
*man muß nun alles selber tun.*
*Ein jeder muß fein*
*selbst fleißig sein*
*und kratzen und schaben*
*und rennen und traben*
*und schniegeln und bügeln*
*und klopfen und hacken*
*und kochen und backen.*
*Ach, daß es noch wie damals wär'!*
*Doch kommt die schöne Zeit*
*nicht wieder her.«*
***August KOPISCH (gekürzter Text)***

Sie beginnt mit der Erinnerung an eine weit zurückliegende Zeit: *„Wie war zu Köln es doch vordem/mit Heinzelmänn-chen so bequem!"* Denn – so beschreibt es die Versgeschichte – des Nachts, während die Kölner Bürger schliefen, kamen die

11

Heinzelmännchen und erledigten für die Menschen, was immer es zu tun gab! Sie „*... hüpften und trabten/und putzten und schabten/und eh ein Faulpelz noch erwacht,/war all sein Tagewerk bereits gemacht!*"[1]

Ein Wunschbild vielbeschäftigter Werktätiger scheint damals in Köln Wirklichkeit gewesen zu sein. Als in jener Zeit ein Kölner Schneidermeister in Bedrängnis kam, weil er den Staatsrock für den Bürgermeister nicht zum verlangten Termin würde liefern können, war selbst das mit Hilfe der Heinzelmännchen kein Problem: Der Schneider legte sich abends „*hin auf das Ohr und pflegte sich*". In der Nacht kamen die Männlein, „*schnitten und rückten/und nähten und stickten/und faßten und paßten ...*" – und am Morgen, wie der Meister erwacht, „*war Bürgermeisters Rock/ bereits gemacht!*" Eine fabelhafte Sache für den Meister, die er jedoch ohne irgendeine Gemütsregung als selbstverständlich hinnimmt. Anders seine Frau, denn „*neugierig war des Schneiders Weib*". Sie würde nur zu gern erfahren, wie das mit den Heinzelmännchen zuging. Ein entsprechender Plan ist gleich gefaßt, und: sie „*streut Erbsen hin die andere Nacht./Die Heinzelmännchen kommen sacht,/eins fährt nun aus, schlägt hin im Haus,/die gleiten von Stufen/und plumpen in Kufen,/die fallen mit Schallen,/ die lärmen und schreien/und vermaledeien!*"

Schnell läuft auf das Lärmen hin die Frau mit Licht herbei, um nach den heimlichen Helfern zu schauen – aber husch!, und schneller, als sie schauen kann, verschwindet all das Zwergenvolk, und zwar auf Nimmerwiedersehen! Und nicht nur aus der Werkstatt des Schneidermeisters. Überall in Köln klagt man: „*O weh! nun sind sie alle fort!/und keines ist mehr hier am Ort!*" Das Fazit: „*man muß nun alles selber tun!*"

---

1 zitiert nach „*Die Heinzelmännchen*" von August Kopisch, Verlag Jos. Scholz, Mainz, o. J., Nr. 3406

Die Kölner haben natürlich August Kopischs Reimgeschichte ihrer Stadtchronik einverleibt, sagen aber – ein bißchen
hinter vorgehaltener Hand –, eigentlich stecke in der Geschichte die Kritik Preußens (der Dichter war seit 1833 im Ber-
liner Hofmarschallamt in Dienst) an den leichtlebigen Rhein-
ländern. Doch Kritik hin und Heinzelmännchen her: August
Kopisch hat den Stoff für seine Geschichte wohl nicht nur zur
Schelte auf die Lebenskünstler am Rhein ausformen wollen,
sondern darin auch ein gut Stück sagenhafter Erinnerung erkannt und beibehalten.[2] Wie er sich in seinem Schaffen überhaupt dem Sagengut und den verborgenen Schönheiten und
Wesenheiten in der Natur herzlich verbunden zeigt. Viele seiner Gedichte sind Naturwesen gewidmet, und während eines
mehrjährigen Italienaufenthalts mit Stift und Künstlermappe
unterwegs, war er es, der zusammen mit einem Malerfreund die
berühmte „Blaue Grotte" von Capri entdeckte.

Nun das Heinzelmännchen-Denkmal in Köln. Es entstand
1899 zum einhundertsten Geburtstag von August Kopisch
und stellt die Kernszene seiner Heinzelmännchen-Sage dar. Es
ist ein kleines, aus Stein gebautes, architektonisch durchgestal-
tetes Monument. Heute zählt es, mehrfach restauriert, zu den
Fixpunkten im „Köll'schen" Stadttourismus. Entworfen und errichtet wurde es durch die Dombauhütten-Künstler Edmund
und Heinrich Renard. Vater und Sohn Renard arbeiteten als
Steinmetze und waren für die Gestaltung der Heiligen-Statuen
am Kölner Dom zuständig, als man diesen, beflügelt durch die
Neu-Gotik, als Bauwerk vervollständigte. Neugotisch ist auch

---

*2 In Ernst von Weydens Werk „Cölln's Vorzeit – Geschichten, Le-
genden und Sagen" (1826) wird von den Kölner Heinzelmännchen
erzählt.*

der Stil des Denkmals. Seine Gestaltungs-Elemente sind in der Mitte ein Brunnen mit plätscherndem Zulauf und an den Seiten zwei Mauern mit Flach-Reliefs zu den Handwerker-Szenen aus der Heinzelmännchen-Sage. In der Mitte, über dem Brunnen, erhebt sich die figürliche Darstellung des dramatischen Knotens der Geschichte: Ganz oben, auf dem „Kopf" einer mehrläufigen Steintreppe steht des Schneiders „neugieriges" Weib und leuchtet mit ihrer Laterne anmutig den über die Stufen herabpurzelnden und -stürzenden Heinzelmännchen nach …

Beide – Dichterwerk wie Denkmal – haben bis heute nichts an Anziehungskraft verloren, im Gegenteil, sie finden selbst noch im Internet[3] das Publikumsinteresse. Wo liegt die Wurzel dieser Anziehungskraft? Wovon fühlen Betrachter und Leser der in Reime beziehungsweise ins Denkmal gefaßten Sage von den Heinzelmännchen zu Köln sich berührt? Eine Frage, die schon in Verbindung mit den Mainzelmännchen und dem sich immer mehr verbreitenden Volk der (industriellen) Haus- und Gartenzwerge auftauchte. Es ist doch merkwürdig, daß die Menschen überhaupt so viel Sympathien empfinden für etwas für sie Imaginäres, das sie „in Wirklichkeit" gar nicht für wahr halten. Und noch merkwürdiger, daß sie trotzdem mit wachsender Begeisterung sich sinnfällige, figürliche Darstellungen des so Unwirklichen besorgen und liebevoll überall dort plazieren, wo offenbar ihre Herzensregungen, wenn auch meist stillschweigend und uneingestanden, Zuflucht suchen.

Man kann sich streiten über Art und Aussehen so mancher Zwergenfabrikationen, die mitunter noch weit hinter das zurückfallen, was man gemeinhin Kitsch nennt. Man muß auch einrechnen, daß die wachsende Zwergenpopulation in unserem

---

3 *Suchwort: „die_heinzelmaennchen-sage.htm"*

Lebensumfeld auf einen aktuellen Trend zurückgeht, dem viele sich ohne weitere Überlegung, nur weil es eben ein Trend ist, anschließen. Andererseits ist sogenannter Kitsch nicht immer einfach nur „Kitsch", und Gartenzwerg-Figuren waren immer, auch ohne ausgeprägten Trend wie heute, „in Mode" – sie halten schon seit Generationen das Wohnrecht in Haus und Garten der Bevölkerung. Die Trend-Neigung zu Gartenzwergen abgerechnet, bleiben also auf jeden Fall noch viele, denen die artifiziellen Gestalten in ihrer Wohnumgebung mehr bedeuten, als es auf den ersten Blick erscheint. Nicht selten gestehen ihre Besitzer auch lächelnd ihre Gemütsregung für die meist barttragenden, zipfelmützigen und frohgemut blickenden Gesellen ein und zeigen damit, daß es mit den Gartenzwergen doch „irgendwie" etwas Besonderes auf sich haben muß. Aber was?

Die zuvor beschriebene Sage von den Kölner Heinzelmännchen trägt nach meinem Eindruck manchen Schlüssel „in der Tasche", der den Zugang zu einer Antwort erschließen kann. Vor der Suche nach diesem Schlüssel zunächst dies: August Kopischs Reim-Dichtung ist inhaltlich-stilistisch an die Art der Volkssage angelehnt, wobei es nebensächlich ist, ob er deren Inhalt erdichtet oder als überliefertes Sagengut vorgefunden hat. Und zur Art der Volkssage trifft der Nestor der modernen Märchenforschung, Max Lüthi, u. a. eine grundsätzliche Feststellung, die in allen Punkten auf die Heinzelmännchen-Sage paßt.[4] Er schreibt: *„Die Sage erwächst aus dem Erleben einer ganz anderen Welt; sie will dieses starke Einzelerlebnis möglichst wirklichkeitsgetreu und individualisierend schildern. (...) Daß die Sage gerne Örtlichkeiten oder Perso-*

---

4 in: *„Volksmärchen und Volkssage"* *(Francke Verlag, Bern/München), Kapitel VIII ‚Märchen und Sage'*

15

*nennamen nennt ..., entspringt ihrem Bedürfnis, sich zu legiti-
mieren.*"

Tatsächlich läßt A. Kopischs Geschichte nach Sagenart und
durch ihren Erzählton keinen Zweifel an der „Realität" des
einst in Köln Vorgefallenen. Es lohnt sich, diesen Anspruch
beim Wort zu nehmen, einen Blick hinter die bürgerlich ge-
färbten Kulissen der Heinzelmännchen-Sage zu tun und sie dabei nach dem Wirklichkeitswert des berichteten Erlebens ab-
zuklopfen. Das bedeutet, den Erzählfaden der Sage noch einmal aufzunehmen in der Absicht, dabei den Verständnis-
schlüssel zur oben gestellten Frage nach Art und Sinn der Beziehung zwischen Menschen und Wesen „aus einer ganz anderen Welt" in die Hand zu bekommen:

Im Gleichschritt mit dem Märchen und seinem „Es war einmal ..." beginnt auch die Heinzelmännchen-Sage mit der innerlichen Einstimmung ihrer Leser oder Hörer auf eine weit
zurückliegende – schönere und bessere – mythische Vergangenheit. Gemeint ist eine Epoche, in der die Menschen eine nahe
innere Verbindung zu Wesenheiten hatten, die sie in ihrem Ta-
geswerk unterstützten. Dadurch war die Arbeit flott erledigt,
und sie erlebten eine gesegnete Zeit ihres Lebensalltags. Dies zu
beschreiben, fällt allerdings dem Dichter der Neuzeit, der die
Heinzelmännchen-Sage reimend (nach)erzählt, schwer. Ihm
werden auch, wie wohl uns allen, Kenntnis und Erfahrung eines solchen glücklichen Lebens gefehlt haben. Und diese feh-
lende Erlebnisbasis führt in der „Wirklichkeit" seiner Erzäh-
lung zu einem logischen Knick in puncto Arbeitserledigung
durch die Heinzelmännchen. Das will erklärt sein:

Wenn die Heinzelmännchen – wie die Sage es spüren läßt
und Max Lüthi schreibt – als Helfer, als Wesen „aus einer ganz
anderen Welt" zu verstehen sind, dann ist logischerweise und
umgekehrt auch für sie die Welt der Menschen eine „ganz an-

16

dere", das heißt eine Welt aus anderem Stoff gemacht als die ihre, und sie können deshalb darin auch nicht wirklich die Arbeit der Menschen übernehmen und bewältigen, wie die Sage es darstellt. Doch steckt in dieser Darstellung ein Wahrheitskorn. Denn Wesen wie die Heinzelmännchen können gewiß – vorausgesetzt, sie finden eine entsprechende Einstellung bei den Menschen – deren Arbeit aus der Art ihres Seins heraus unterstützen, indem sie das Tun der Menschen mit ihrem Wissen und mit der Energie ihrer Wesens-Welt verbinden. Dadurch kann den Menschen die Erfüllung ihrer Aufgaben oder das Arbeitspensum derart leicht von der Hand gehen, als sei ihnen die Arbeit von jemandem abgenommen worden. Das sind dann „sagenhaft" glückliche Verhältnisse, von denen wir Heutigen als erlebbare *Wirklichkeit* kaum mehr eine Vorstellung haben.

Allerdings – solche Beziehungen zu Wesen aus einer ganz anderen Welt, wie eben die Heinzelmännchen es sind, bleiben nur so lange glücklich, wie sie in einem „beflügelten" *Tätigsein* der Menschen ihre Erfüllung finden. Wenn und wo das nicht mehr der Fall ist, und wo der Punkt der Versuchung für die menschliche Schwäche der Selbstüberhebung auf der einen und der Trägheit auf der anderen Seite überschritten wird, bricht die Beziehung auseinander: Fort sind die stillen Helfer, die Arbeit wird zur Belastung, und die Menschen seufzen *„man muß nun alles selber tun"*.

Es ist dieser Moment des Umkippens in die Versuchung, in die Selbstüberhebung und Trägheit, bei dem der Dichter mit seinem „Bericht" ansetzt. Die Menschen seiner Sage sind schon nicht mehr die so glücklichen Leute, die im stillen Einklang mit den Helfern leben, sondern diese Menschen sind gerade dabei, sich ihr Glück selber zu verscherzen: Sie nehmen es sich heraus, sich faul „aufs Ohr" zu legen und „sich zu pflegen", während sie voraussetzen, daß morgens die Arbeit für sie schon getan ist, sie fühlen

17

sich als tolle Leute, sind bequem und zu „Faulpelzen" geworden. Sie verkörpern auf diese Weise ein Wunschdenken, das, weil es schon vom Ansatz her das eigene Tätigsein ausschließt, zu nichts Gutem führen kann. Ein solches Wunschdenken trübt und beendet zwangsläufig die Hilfe der „Heinzelmännchen". Die Krise ist unvermeidbar. Und sie kommt. Ausgelöst durch eine Frau!

Die Heinzelmännchen-Sage beschreibt diese Frau und sagt von ihr: „*Neugierig* war des Schneiders Weib." Das ist ein ambivalentes, ein doppelwertiges Bild nicht nur im Zusammenhang mit den Ereignissen der Sage. Denn einerseits definiert sich Neugier im allgemeinen als ein Kind des kalkulierenden Verstandes. Dieser stellt das Unerklärliche, das Numinose, das Transzendente, „Jenseitige" in Frage und möchte es jedenfalls bis zur Beweisbarkeit aufklären, um es dann – weil Verstandesdenken naturgemäß über die Welt des mit dem Verstand Erfaßbaren nicht hinausreicht – wegen Unbeweisbarkeit als nicht-seiend zu erklären. Wenn die Heinzelmännchen durch Neugier und List der Schneidersfrau „zu Fall kommen" und auf Nimmerwiedersehen aus Köln und aus dem Leben seiner Bürger verschwinden, dann könnte man das unter dem oben beschriebenen Aspekt ohne weiteres als die Beweisführung für ihre Nicht-Existenz im Lichte verstandes- und vernunftorientierter „Sachlichkeit" deuten. Aber ist das mit der Sage gemeint?

„Neugier" kann ja andererseits auch alle Kennzeichen einer inneren Wachsamkeit tragen, die überall dort aufmerksam nachforscht und prüft, wo etwas – wie bei der sensiblen „Prinzessin auf der Erbse" – selbst durch einen dicken Stapel Matratzen hindurch noch „drückt", weil es da eben nicht hingehört und nicht „richtig" ist. Und es gibt einiges, was des Schneiders Weib als empfindlich drückend, weil nicht richtig, spüren kann. Ganz besonders das seltsame Verhalten der Handwerker, die sich ohne weiteres am Abend bequem „aufs Ohr legen" und „sich pflegen",

während unsichtbare Wichtel „eh man's bedacht" in der Nacht
ins Haus kommen und die Arbeit der Männer erledigen. Da geht
doch etwas nicht mit rechten Dingen zu – und damit hat sie recht!
Als dann der eigene Mann mit seiner Arbeit unter Termindruck
gerät, sich gleichwohl einfach schlafen legt und am nächsten Morgen ohne eigenes Zutun, ohne ein Wort des Dankes oder wenigstens des Erstaunens den fertigen Staatsrock vorfindet, läuft das
Faß ihrer wachsamen Unruhe über: Jetzt muß sie handeln, um
sich Klarheit zu verschaffen, sie will mit der Laterne ihrer „Neugier", ihrer Wachsamkeit, Licht in diese unklaren Verhältnisse
bringen. Dabei findet ihr Unmut über die unstimmige, eigentlich
falsche Situation im Hause bild- und symbolhaften Ausdruck in
den Erbsen, die sie streut. – Aber die armen Heinzelmännchen,
die so jämmerlich über die Stufen herabstürzen … ?

Sie selber, aus einer anderen Welt gekommen, stürzen ganz gewiß nicht „vermaledeiend" über die Treppe herab! Der in der Sage
geschilderte Sturz geschieht nicht ihnen, sondern er geschieht im
Inneren der Menschen selbst, die sich pflegten, statt tätig zu sein,
die zu Faulpelzen wurden und die Heinzelmännchen bestenfalls
als Erfüllungsgehilfen ihres Wunschdenkens verstanden, ohne ir-
gendeinen inneren Bezug zu ihnen zu haben. Jetzt, nachdem des
Schneiders Weib Licht in die Verhältnisse brachte, stürzen alle
falschen Vorstellungen über die aus ihrer menschlichen Selbstüberhebung erbauten Stufen der Trägheit herab, und die Kölner
sind ernüchtert: Eine Arbeit ist nur dann getan, wenn man sich ihr
auch selber mit Fleiß und Energie zuwendet …

Vater und Sohn Renard hatten, als sie das Heinzelmännchen-
Denkmal entwarfen und gestalteten, eine feine Nase für den
dramatischen „Knackpunkt" der Sage, der an des Schneiders
Weib und ihrer wachen Aufmerksamkeit festgemacht ist. Das
Denkmal, heiter, wie es wirkt und meist auch betrachtet wird,

19

vermittelt dessen ungeachtet eine berührende Botschaft, indem es im Betrachter auch die Tonart leiser Wehmut anklingen läßt. Denn es zeigt figürlich, bildhaft das Ereignis des Verlustes der Hilfe durch die Heinzelmännchen.

In dieser Wehmut, als einer ersten Regung aus dem Bewußtsein des Verlustes, liegt wohl auch der „Passepartout"- oder Generalschlüssel, um sich den Grund beziehungsweise das Verständnis für das „Gartenzwerge-Phänomen" zu erschließen: Es hat seinen Ursprung in dem, allerdings noch nicht zur Erkenntnis geklärten Bewußtsein über den Verlust einer einstmals dankbar genossenen Hilfe, den wir uns – wie „vordem" die bequem gewordenen Kölner Handwerker – selber eingebrockt haben. Noch zeigt sich dieses Bewußtsein überwiegend nur in veräußerlichten Zeichen (= Trendwelle „Gartenzwerg"). Aber es ist immerhin da. Und wo es sich verinnerlichen kann und die Zusammenhänge wirklich bewußt werden, wird es sich folgerichtig mit dem Wunsch verbrüdern, den Verlust rückgängig zu machen. Dann werden, im Bild gesprochen, Mainzelmännchen sowie Gartenzwerge und Co. aufbrechen zur Suche nach den (echten) „Heinzelmännchen", und das bedeutet die Suche nach der verlorenen Beziehung zu den Helfern aus einer „ganz anderen Welt".

Aber sind sie denn wirklich zu finden? Gibt es sie tatsächlich?

Tatsache ist: In der archaischen Frühe, von der Antike bis zu manchen frühchristlichen Glaubensgemeinschaften, in der Völkerwanderungszeit und im Mittelalter bis herauf in die Epoche von Renaissance und Barock, über Emanuel Swedenborg im 18. Jahrhundert und weiter im 19. Jahrhundert über Jakob Lorber, Theosophie und Findhorngemeinschaft (Schottland) bis zur New-Age-Bewegung und verwandten Richtungen im 20. Jahrhundert hat es immer Menschen gegeben, die mit Natur- oder Elementarwesen, mit „Geistern" der unterschiedlichsten Art

oder engelgleichen Helfern in für sie selbstverständlicher Weise
Umgang pflegten. In der konfessionell geordneten, *christlichen*
Gesellschaft wurden diese Menschen – im besten Falle – als Son-
derlinge betrachtet und behandelt. Das ist mehrheitlich auch heute noch so, mit dem Unterschied, daß zu ihrer „Verurteilung" von
christlich-konfessioneller Seite sich noch das Unverständnis ge-
sellt, wie es eine überwiegend an materieller „Seinsbestimmung"
hängende Gesellschaft ihnen gegenüber hegt.

Dem allen entgegen mehren sich weiterhin Bücher und ver-
schiedenste Publikationen über Naturwesen oder über „Freunde
des Menschen" u. ä., und sie werden keineswegs nur in der esoterischen Szene verfaßt und gelesen. Manches davon ist, soweit man
das beurteilen kann und darf, überzeugend, auch hilfreich für ein
neues Verständnis von heute fast ganz außer acht gelassenen Le-
bensqualitäten; anderes liegt eher in der Nähe von spekulierendem
„Wissen" und führt nicht weiter. Doch in ihrer Gesamtheit
berühren alle diese Ansätze eine tiefe Sehnsucht im Menschen, die
damit zu tun hat, daß ein bestimmter Verlust empfunden wird.
Und den möchte man aufklären und womöglich aufheben.

Es wächst auch die Zahl von Menschen, die – ohne Bedacht
auf Verurteilung und Unverständnis – sagen, sie könnten die uns
fremd gewordenen Helfer „sehen". Soweit diese Berichte im Bereich des persönlichen Erlebnisses und Berichtens bleiben, kann
ihr Wahrheitsanspruch außer Frage bleiben. Anders sieht es aus,
wenn sie verallgemeinert werden und zur Beweisführung für das
Vorhandensein und für das so und so geartete Aussehen der Helfer herhalten sollen. Es fehlt auch nicht an „Dokumentationen"
mittels Foto-Aufnahmen in der Absicht, die Existenz der gemeinhin unsichtbaren Helfer zu beweisen. Solche fotografischen
Bilder zeigen sehr unterschiedliche Gestalten, Gewandungen
und Attribute und können (abgesehen davon, daß „Dokumen-
te" dieser Art ohnehin vielerlei Fragezeichen hervorrufen) im

Grunde genauso wenig einem *wirklichen* Verständnis der „Unsichtbaren" dienen, wie es etwa bei gezeichneten oder in Form gegossenen Zwergen-Figuren und Ähnlichem der Fall ist. Die Wirkung erschöpft sich meist im „Aha"-Effekt.

Es braucht nicht abgestritten zu werden, daß dieser und jener die Helfer tatsächlich zu sehen vermag. Doch für alle, denen es fürs erste darum geht, den Verlust der verlorenen Beziehung überhaupt erst einmal zu verstehen und davon ausgehend die Wiederaufnahme der Beziehung einzuleiten, für den darf die „visuelle" Verbindungsaufnahme eine Cura posterior bleiben, eine Sache, die später dran ist, und sich dann wohl von selbst erledigt. Wer mit dem Wiedergewinn der Beziehung oder Verbindung *ernsthaft* beginnen möchte, das heißt: weder als spirituelles Unternehmen gedacht noch als esoterische Lebensmaßnahme geplant, sollte zuerst die Grundlagen des Verständnisses zu klären versuchen. Und das bedeutet, Antwort zu finden auf die Frage, wer denn überhaupt diese Wesen sind, die da aus einer anderen, offensichtlich aber unserer Menschenwelt nicht allzu fernen oder fremden Welt kommen, um – wie und warum? – uns auf unseren Lebenswegen helfend zur Seite zu stehen.

Gern und ohne Vorbehalte gestehe ich die eigene Gewißheit darüber ein, daß die kleinen (und großen) Gottesdiener wirklich *da* sind, und daß durch ihr Wirken ein starkes Kräftepotential freigesetzt wird. Dessen Bedeutung für die Gesamtheit der Schöpfung, und im besonderen auch für uns Menschen in Fleisch und Blut, ist unserem Bewußtsein bis auf märchen- und sagenhafte, oft mißverstandene und verfremdete Relikte verlorengegangen. Wieder Gewißheit über die bestehenden Zusammenhänge zu gewinnen, ist ohne stichhaltige, gewissenhafter Prüfung standhaltende „Informationen" gar nicht (mehr) möglich. Es ist überflüssig zu betonen, doch angebracht zu sagen, daß für mich diese notwendigen Informationen in Abd-ru-shins Gralsbotschaft „Im Lichte der Wahrheit" zu finden waren. Mit ihrer Hilfe formte und rundete sich nach und nach ein umfassendes Bild von Wesen, Auftrag und Wirken der getreuen Gottesdiener – oder der „Wesenhaften", wie die Gralsbotschaft sie nennt. Zwangsläufig erwuchs daraus der Wunsch, das so gewachsene Bild ins „wirkliche Leben" zu übertragen, anders gesagt: es im Erleben bestätigt zu finden.

> *»Jeder Zwist wird sofort behoben sein, wenn man endlich entweder weiter aufwärts dringt in allem Forschen, also über das Stoffliche hinaus, oder dem natürlichen Entwicklungsgange von oben herab zu folgen vermag.*
>
> *Die Zeit ist da, wo der Fuß dazu erhoben werden muß. Doch die größte Vorsicht ist dabei geboten, damit geistiges Wissen, das die Logik unverkennbar in sich trägt, nicht unbemerkt in unwissende Phantasie herabgezogen wird. Man muß beachten, daß dem Wesenhaften und dem Geistigen auch nur mit* klarem, freiem *Geiste gegenübergetreten werden kann, nicht wie im Stofflichen mit Waagen, Seziermessern und Gläsern.«*
>
> ABD-RU-SHIN, *Gralsbotschaft*[5]

---

5 Dieses Zitat (Vortrag „ Der Unterschied im Ursprung zwischen Mensch und Tier") möchte gleich zu Beginn die wegweisende Bedeutung dieses Werkes für die Inhalte und Ziele des vorliegenden Bandes zu erkennen geben und den Leser auf die Methodik für ein Thema einstimmen, zu dem unser Denken durch die Dornröschen-Hecke vielfältiger Zweifel und Irrungen lange Zeit keinen Zugang fand:
Unsere Beziehung zur Welt der Naturwesen, der Elfen, Gnomen und Nixen … oder – mit dem Wort der Gralsbotschaft –: zur Welt der Wesenhaften, deren tatsächliches Sein, Schöpfungsauftrag und Wirken sie erklärt.

23

Die Erklärungen Abd-ru-shins über „die Wesenhaften" erstrecken sich innerhalb seines Werkes über etliche Vorträge[6] und bilden einen bedeutenden thematischen Komplex. Die daraus sich ableitenden, tausendfältigen Bezüge im Weben und Leben dieser Schöpfung wie auch bis in die Details unseres menschlichen Seins hinein insgesamt darstellen zu wollen, würde die Maßgaben eines Taschenbuches bei weitem übersteigen.

Deshalb war es geraten, einen Thema-Ausschnitt aus dem großen Gesamtbild zum Inhalt dieses Bandes zu nehmen und in erster Linie jene Aspekte zu beleuchten, die im tätigen, täglichen Leben eine Rolle spielen, und in der Realität unseres Alltags nicht nur nachvollziehbar, sondern vielleicht sogar – es geht um den Wiedergewinn einer Beziehung! – auch erfahrbar werden können.

Gleichwohl kann und darf dieses thematische Segment nicht isoliert, nicht für sich allein betrachtet werden; denn es ist mit dem großen Bild, wie es die Gralsbotschaft von den Wesenhaften gibt, vielfältig verbunden und vernetzt.

Daraus ergab sich die Notwendigkeit, hier und dort einen größeren Zusammenhang mit einzubeziehen und ihn wenigstens im Überblick darzustellen. Im übrigen steht es dem Leser jederzeit offen, selbst die ausführlichen Erklärungen der Gralsbotschaft heranzuziehen, um zu ergänzen und zu erweitern, was hier, auf einen thematischen Schwerpunkt beschränkt, darzustellen versucht wird. –

---

6 *im wesentlichen die Vorträge „Schöpfungsentwicklung", „Irrungen", „Der Unterschied im Ursprung zwischen Mensch und Tier", „Instinkt der Tiere", „Das Gotterkennen", „Das Wesenhafte", „Die kleinen Wesenhaften", „Wesenskeime", „In der grobstofflichen Werkstatt der Wesenhaften", „Der Ring des Wesenhaften" u. a.*

„Neugierig war des Schneiders Weib" – hieß es in der Sage von den Heinzelmännchen zu Köln. Daß diese Frau mit ihrer inneren Unruhe eine unstimmige Situation und irreführende Wunschvorstellungen klarstellen wollte, kann ihr nicht gerade als üble Tat ausgelegt werden.

Die beiden Meister Renard Vater und Sohn haben denn auch bei der Gestaltung des Heinzelmännchen-Denkmals anders geurteilt und sie keineswegs als „das böse Weib", das an allem schuld ist, dargestellt. Sie haben im Gegenteil ihre Figur im Denkmal mit auffallender Anmut ausgestattet – bis heute ein Punkt der Verwunderung in Köln!

Er erklärt sich jedoch, sobald man des Schneiders Weib als diejenige sieht, die mit der „Laterne" ihres Feinempfindens Licht in die Vorfälle bringen wollte. Sie hat nicht die kleinen Helfer verscheucht, sondern vielmehr die falschen Vorstellungen von ihnen aus den Köpfen der Kölner Bürger vertrieben: Das Verhältnis zu den „Kleinen" kann nur dann in Ordnung, sinnvoll und für alle ein Gewinn sein, wenn die Menschen sich über ihre Art, ihren Auftrag und die eigene Beziehung zu ihnen im klaren sind.

„O weh, nun sind sie alle fort", seufzten die Kölner Bürger nach dem Verschwinden der Heinzelmännchen; manch einer wünscht sich vielleicht heute noch in der Nachfolge von August Kopischs Reim-Sage, daß die kleinen Helfer – unter der Voraussetzung einer veränderten Einstellung ihnen gegenüber – wieder kommen und sie bei ihrer Arbeit unterstützen möchten.

Mit *diesem* Wunsch ist auch das Anliegen dieses Buches auf den Punkt gebracht.

# »Über den Bergen bei den sieben Zwergen«

## Herkunft, Art und Auftrag der wesenhaften Helfer

### I. Die Welt der Begriffe und ihre Geschichte

August Kopischs Reimgeschichte, die lebhafte Publikumswirkung seiner „Sage" sowie das später errichtete Denkmal haben über Köln hinaus wesentlich zur modernen Popu-
larität der Heinzelmännchen beigetragen. Kopischs Dichtung

26

erschien 1836, kaum zwei Jahrzehnte nach der Herausgabe der „Kinder- und Hausmärchen" durch die Brüder Grimm, die mit ihrer Sammlung das Märchen und mit ihm die Märchenwesen einem Publikum über „das Volk" hinaus überhaupt erst bekannt und für *alle* Schichten der Gesellschaft quasi „hoffähig" gemacht haben. Seither wuchs die allgemeine Wertschätzung der alten Märchen von Generation zu Generation, und unter dem Sammelbegriff „Die Grimmschen Märchen" fanden sie (und haben sie mehrheitlich noch) so gut wie in jeder Familie ihren festen Platz. Als „klassische" Quelle haben diese Märchen bis heute die Vorstellungen von Zwergen, Nixen, Elfen usw. geprägt. Dabei liegt offensichtlich der besondere Reiz der Märchen in der unmittelbar sich ereignenden Verbindung und Beziehung zwischen den Menschen und diesen Märchenwesen. Im „Es war einmal ..." der Märchen ist ihr Erscheinen und Handeln eine selbstverständlich ins Leben der Menschen eingebundene Gegebenheit. Diese „übernatürliche" Selbstverständlichkeit wird bis heute als das typisch Märchenhafte gesehen, und die Märchen-Begeisterung der sammelnden und nachdichtenden Romantiker im 19. Jahrhundert entzündete sich – wie sie es nannten – an dieser naiven Form „reiner Poesie". Darüber hinaus allerdings wurden die Märchenwesen auch damals schon größtenteils nicht (mehr) als wirklich seiend gedacht.

### Zwerge und ihr »Image«

Ein um so intensiveres Leben führten dafür die Zwerge vor allem in der Phantasie der Menschen. Und so ist das heute noch: sie „leben" – mehr oder weniger fiktiv – in Kinderbüchern, in Filmen, in romantisierenden oder auch esoterischen „Sachbüchern", in allen möglichen anderen schriftstellerischen Formen sowie natürlich auch in handfester Gestalt wie die Gar-

27

tenzwerge. Als tatsächlich seiend aber versteht sie niemand – sieht man von den stillschweigenden Ausnahmen ab. Gleichwohl sind mittlerweile die Zwerge nicht nur für die Kinder, sondern auch für das an Jahren reichere Publikum zu den Favoriten unter den Märchenwesen avanciert, eigentlich schon zur Kultfigur geworden. Als solche herrscht für sie ein ziemlich einheitliches Erscheinungsbild – richtiger gesagt, ein Klischee. Demnach sind Zwerge auf jeden Fall klein (auch dann, wenn ihre physische Darstellung bis zur Schulkindgröße reicht), blicken fröhlich aus großväterlich alten und freundlichen Gesichtern, haben Spaten, Schaufeln, Hacken, Rechen, Gießkannen und sonstige Geräte für Haus und Garten bei sich, die wohl ihre Mithilfe im Einsatzbereich des jeweiligen Geräts symbolisieren sollen. Ebenso herrscht für ihre Kleidung eine gewisse Norm: meist sind sie mit Gärtnerschürzen oder altertümelnder Gewandung ausgestattet, und natürlich darf die bunte Zipfelhaube nicht fehlen.

Auch stimmungsmäßig besteht eine nahezu einheitliche Vorstellung von den Zwergen. Ihr zufolge erwarten und erfahren die Menschen vor allem Gutes durch sie – Freude, Hilfe im Tun und Leben, Trost, Schutz und Zuspruch. Diese Vorstellung kann auf der einen Seite durchaus auf „erlebte Wirklichkeit" zurückgehen, bestätigt durch Berichte einzelner Menschen, sie kann auch als Sehnsuchtsaspekt zur Erklärung des Phänomens „Kultfigur Zwerg" herangezogen werden. Auf der anderen Seite befindet sich jedoch in einem ziemlichen Irrtum, wer da meint, daß die Zwerge in der kultur- und geistesgeschichtlichen Überlieferung, zum Beispiel durch die alten Märchen, nur immer so sympathisch und gutmeinend auftreten, wie das oben beschriebene Vorstellungsbild es ausdrückt. Ja, gewiß, zum Beispiel die „sieben Zwerge" im vielleicht bekanntesten und beliebtesten unter den „Kinder- und Hausmärchen", dem Märchen von „Schneewittchen", bestätigen dieses Vorstellungsbild. Aber so liebe

28

Zwerge sind weder im Volksglauben noch im Volksmärchen oder in den Sagen die Regel. Im Gegenteil, hier treten immer wieder auch Zwerge auf, die sich boshaft, grantig und listig zeigen und den Menschen mitunter sogar den Weg zu ihrem Ziel handfest erschweren. Ein begrifflicher Widersinn, der offenbar zwei Zwerg-„Versionen" voraussetzt – eine gute und eine böse.

---

### Das Märchen von »Schneewittchen« (Sneewittchen) – (Inhaltswiedergabe)

*Die kleine Königstochter Schneewittchen, ein Wunschkind der verstorbenen Königin, wird im Heranwachsen „noch tausendmal schöner" als ihre Stiefmutter. Neid und Haß drehen dieser Frau „das Herz herum", und sie beschließt, das schöne Kind töten zu lassen. Der Jäger, der das tun soll, läßt jedoch das Mädchen auf sein Flehen hin im Walde laufen, und sie findet bei den Zwergen, die in den Bergen an Erz und Gold arbeiten, Unterschlupf und Sicherheit. Zum Ausgleich dafür soll Schneewittchen ihnen den Haushalt führen. Da aber die Zwerge von der Gefahr wissen, die Schneewittchen drohen wird, sobald ihre Stiefmutter erfährt, daß sie noch am Leben ist, schärfen sie dem Mädchen warnend ein, ja niemanden ins Häuschen einzulassen, wenn sie allein ist.*

*Doch gleich dreimal handelt Schneewittchen gegen die Warnung der Zwerge und läßt sich durch List und Lockung verführen, die verkleidete Königin einzulassen und von ihr anzunehmen, was diese ihr in mörderischer Absicht feilbietet. Zweimal können die Zwerge das Mädchen gerade noch vor dem Tode durch das schöne, seidenbunte Schnürband beziehungsweise durch den glänzenden, aber vergifteten Schmuckkamm retten. Doch als sie das dritte Mal ge-*

gen die Warnung verstößt, gibt es keine Hilfe mehr, und Schneewittchen stirbt an einem Stück vom vergifteten Apfel, auf den ihr die „gottlose Königin" Appetit gemacht hatte. Die Zwerge, die Schneewittchen lieb haben, betten sie in einen Glassarg, um sie anschauen zu können, und obwohl tot, bleibt sie immer anzusehen wie im Leben. Bis eines Tages ein Königssohn die schöne Tote sieht, sie lieb gewinnt und „als sein Liebstes" den Sarg mitnehmen möchte. Als die Träger mit dem Glassarg stolpern, schießt durch den Ruck das giftige Apfelstück dem Schneewittchen aus dem Hals, und sie erwacht wieder zum Leben. Natürlich heiratet das glückliche Paar, und die böse Frau Königin tanzt sich, als sie der Einladung zur Hochzeit folgt, in für sie bereitgehaltenen glühenden Schuhen zu Tode.

## Begriffe – aber keine Klarheit

Märchenforscher und -deuter – sie sind ins universitäre Fach der Geisteswissenschaften integriert und stehen in Zusammenarbeit zum Beispiel mit Volkskundlern, Motivforschern, Psychologen, Literaturwissenschaftlern und weiteren Fachbereichen – erklären unter Bezug auf bestimmte Grundmuster menschlichen Verhaltens „übernatürliche" Wesen im Märchen unter anderem damit, daß einzelne, stark hervortretende Eigenschaften von innen nach außen projiziert wurden und dann zum Beispiel als Zwerge „personifiziert" im Märchen auftreten. Ein Denkansatz, der vieles für sich hat, und auf bestimmte Märchenwesen mit erkennbar menschlichen „Markenzeichen" wie Neid, Bosheit, Jähzorn, Uneinsichtigkeit usw. durchaus paßt. Nur läßt sich dieser Deutungsweg nicht so ohne weiteres umleiten und genauso auf die „guten" Märchenwesen anwenden, wie eben beispielsweise die „sieben Zwerge über den Bergen". Denn diese sieben Kleinen zeigen sich viel zu konsequent uneigennützig von der helfenden und unterstützenden Seite, als daß sie als Personifizierungen menschlicher Charakterzüge zu deuten sein könnten. Sie leben und handeln in einer Art und Weise, als kämen sie wirklich aus einer anderen als der menschlichen Welt.

Um das näher zu bestimmen, ließe sich sagen: Sie wirken in jedem Augenblick ihres Tuns und Lebens, in ihrem gesamten Wesen wie still erfüllt von einer Kraft, aus der sie handeln und durch die sie ausdrücklich allem und allen „Gottlosen" (wie der im Märchen so bezeichneten „gottlosen Königin", Schneewittchens Stiefmutter) fernbleiben – anders können sie gar nicht leben. Sie wenden daher ihre Hilfe und ihre Liebe auch nur solchen Menschen zu, die, wie Schneewittchen, im Grundzug ihres Wesens mit dem Gottlosen nichts zu tun haben (wollen). Dagegen gibt es in verschiedenen Märchen ebenfalls „Zwerg" genannte Wesen von auffallend anderer Art. So zum Beispiel das unruhige, langbärtige Männchen, mit dessen garstigem Verhalten „Schneeweißchen und Rosenrot" im gleichnamigen Märchen allerhand Last haben, und das in der Tat herumspringt wie das leibhaftige Bild nervöser, ichsüchtiger (menschlicher) Untugend. Wer sich solche begrifflichen Gegensätze zwischen „Zwerg" und „Zwerg" bewußtmacht, dem geht es nicht so recht ein, warum Schneewittchens Helfer „über den Bergen" und das Bartmännchen *gleichermaßen* als Zwerge benannt werden.

## Aus früher Wortgeschichte

Auch wenn Kinder genauso wie die „großen Leute" sich an die für die Unterschiede unsensible, gleichgültige Anwendung des Begriffs im Märchen und im allgemeinen Wortgebrauch gewöhnt haben, so kann deshalb doch nicht die Tatsache übersehen werden, daß die Zwerge mal gut und lieb, ein andermal bös und garstig auftreten. Zu der letzteren Art paßt das bis heute gebräuchliche Scheltwort „Du Giftzwerg!", und es kann sich aus den historischen Ursprüngen des Wortes „Zwerg" legitimieren! Denn Linguisten und Philologen, die Sprachspezialisten also, verfügen zur Herkunft und Bedeutung von „Zwerg" über wissenschaftliche Ergebnisse, die belegen, daß erstens – anders als heute – die Aussage des Begriffs in alten Zeiten *eindeutig*, und zweitens diese Bedeutung keine gute war. Denn es bestand (gemäß lexikalischer Auskunft[1]) für das heutige Wort „Zwerg" eine germanische Wortwurzel „ *dwerza* ". Sie diente zur Bezeichnung von Krankheiten, die man von Zwergen verursacht glaubte – zum Beispiel Krämpfe oder Hexen(!)schuß. Auch die noch weiter zurückliegende indoeuropäische[2] Wurzel „ *dhuer* " steht für eine klare, wenn auch nicht „bessere" Auskunft, denn sie bedeutete: „täuschend schädigen". Und selbst die verwandte indoeuropäische Wortwurzel „ *dhreugh* ", die ebenfalls zur Worterklärung von „Zwerg" herangezogen wird, führt in die gleiche Richtung: sie bedeutete „Traum/Trug" und führt zum Verständnis der Zwerge als Traum- und vor allem: Trugwesen.

Alle Sprachwurzeln bestätigen „den Zwerg" als ein ungutes Etwas, dem sich der umgangssprachlich heute noch lebende „Giftzwerg" als spätgeborenes Kind der einstmaligen Wortbedeutung mit einigem Recht zuordnet. Wie und warum es dazu kam, daß über die Zeiten hin der Begriff dann auch zur Bezeichnung „guter Zwerge" gebräuchlich wurde, ist eine Sache

---

1 *„Etymologisches Wörterbuch der deutschen Sprache", Friedrich Kluge, Verlag Walter de Gruyter & Co., Berlin, 18. und spätere Auflagen*
2 *die von der Sprachwissenschaft ermittelte Ur-Ahnin der meisten europäischen Sprachen, u. a. der deutschen*

für sich. Dafür mögen verschiedene sprachliche und geistige Entwicklungen, darunter auch eine gewisse „Denkfaulheit" (Trägheit), der Grund gewesen sein; dem im einzelnen nachzuspüren, kann jedoch für den augenblicklichen Themenzusammenhang zurückgestellt werden. Festzuhalten bleibt an dieser Stelle die Tatsache, daß mit dem „modernen" Begriff Zwerg zweierlei in *einem* Topf gekocht wird, und daß, wohl schon länger her, unter „Zwerg" eben einfach und unterschiedslos *alle* menschenähnlichen kleinen und dabei „übernatürlich" erlebten Wesen verstanden wurden – und noch verstanden werden.

Die Mehrdeutigkeit, die begriffliche Unklarheit des Wortes „Zwerg" hat, genau bedacht, zur Folge, daß den wohlmeinenden „Zwergen" – als Begriff – ein Teil der weniger guten Eigenschaften ihrer Namenszwillinge aufgebürdet wird, wie das einmal ist, wenn ein und derselbe Begriff unter seinem Dach zwei so gegensätzliche Bedeutungen beherbergt. Freilich, wer heute an Zwergen beziehungsweise an irgendeiner ihrer manifesten Darstellungen seine Freude hat, dem bedeutet die Zweiwertigkeit des Begriffs gemeinhin nicht viel. Hat sich doch für ihn und durch ihn die inhaltliche Bestimmung des Begriffs weitgehend zur „guten" Seite hin verschoben. Denn mittlerweile werden vermutlich neun von zehn Menschen sich Zwerge überhaupt nicht anders als heiter, gütig und hilfreich vorstellen können beziehungsweise wollen. Doch die Frage ist, ob es, in Konsequenz sowohl der gespaltenen Bedeutung des sie bezeichnenden Begriffs als auch gegebener Beispiele in Sage und Märchen, die Zwerge in zweierlei „Sorten", einer guten und einer un-guten, gibt. Oder – eine weitere Frage – ob es, da die historischen Wurzeln des Wortes „Zwerg" eher eine üble Bedeutung tragen, einfach an einer anderen, eigenständigen und eindeutigen Bezeichnung fehlt für wohlmeinende Wesen nach Art von Schneewittchens sieben Gastgebern „über den Bergen"?

33

## Die »Wichte« der alten Germanen

Diese Frage verleitet dazu, die andere für Zwerge gebräuchliche Benennung, nämlich „Wichtel" und/oder „Wichtelmännchen"[3], zur Antwort heranzuziehen und sie ebenfalls auf ihre Herkunft hin zu durchleuchten. Es wird sich aber zeigen, daß auch hier keine klare Auskunft über den doppelwertigen Wortgebrauch zu holen ist. Die Bedeutung des Begriffs „Wichtel" ist nämlich im Grunde ebenso unklar wie beim „Zwerg", denn es gibt gleichermaßen liebe wie gar nicht so liebe „Wichtel". Und das Wörterbuch[4] für die heute gültige Bedeutung des Wortes Wichtel gibt an: „(kleines) Ding, Dämon, Kobold". Und noch etwas kommt hinzu: „Wichtel" ist eine Verkleinerungsform des Wortes „Wicht", das aus dem Niederdeutschen ins Hochdeutsche eingeflossen ist, und zu diesem Wort erklärt der Große Duden[5] folgende Bedeutung: „Wesen, Kobold; verächtlich für: elender Kerl" – die Querverbindung zum Ausdruck „Bösewicht" liegt auf der Hand! Eine bemerkenswerte Parallele zum schon besprochenen „Giftzwerg" ... – und wie beim Begriff Zwerg zeigt sich auch bei Wichtel oder Wicht ein Widerspruch in der Bezeichnung selbst, sobald sie auf „übernatürliche Wesen" der guten, unterstützenden Art angewendet wird.

Nur liegt die Sache beim Wort „Wicht" doch noch etwas anders als beim „Zwerg"; denn seine ursprüngliche, historische

---

3 auch Heinzelmännchen – für den themat. Zusammenhang uninteressant, weil aus dem Namen einer Menschengruppe entstanden (Hinse, Heinse, Heinzel ...), von der bekannt war, daß sie mit „übernatürlichen Wesen" vertraut war.

4 wie 1

5 Bibliograph. Institut AG, 1991, 20. Aufl.

Bedeutung belegt einen höchst bemerkenswerten Aspekt. Zur Zeit der Völkerwanderung gab es nämlich bei den „alten Germanen" das (gotische) Wort „*waîht*"[6], auf welches die heutige, neuhochdeutsche Form „Wicht" zurückgeht. Dieses Wort „*waîht*" bedeutete damals völlig neutral: „*Ding, Sache*". Und nun das Besondere daran: Die Germanen verwendeten das Wort zur Bezeichnung von „Wesen mit übernatürlichen Kräften", die sie erlebten und verehrten. Man fragt sich, wieso sie diese Wesen ausgerechnet mit einem Wort von so nichtssagender Bedeutung benannten – wie reimt sich das auf ihre Ehrfurcht diesen Wesen gegenüber? War sie doch nicht so bewußt empfunden? Ganz im Gegenteil! Die Germanen scheuten sich nämlich, die ihnen vertrauten und für sie höherstehenden Wesen mit irgendeinem Wortinhalt ihres Lebensalltags zu verbinden und sie dadurch vorstellungsmäßig der eigenen, menschlichen Ebene gleichzusetzen, schlichter gesagt: sie dadurch zu vermenschlichen. Deshalb war es ihnen lieber, einen (wert)neutralen und inhaltlich nicht festgelegten, farblosen Begriff zu verwenden, der ihrem Verständnis oder ihrer Vorstellung von diesen Wesen sowie ihrer inneren Verbindung zu ihnen einen freien, weiten Raum offenließ – bis hin in höherreichende, sogenannte übernatürliche, kosmische Sphären.

Diese Art der Benennung von höherstehend empfundenen Wesen kann als eine verbale Geste tiefinnerlicher Achtung verstanden werden, wie sie als solche bei vielen frühen Völkern, auch bei Natur-Völkern vorkommt. Das zeigt nicht nur die Wechselwirkung in der Beziehung zwischen einer Sprache und „ihren" Menschen, hier liegen auch Sinnzusammenhänge offen, die vieles mit dem Begriff „die Wesenhaften" der Gralsbotschaft zu tun haben beziehungsweise mit der geistesgeschichtlichen Entwick-

---

6 erschl. indoeuropäische Wurzel „*uvekti*" – „*Ding, Sache*"

lung der Menschen und ihrer Verbindung zu den Wesenhaften. Was ist von der einstigen, bis ins sprachliche „Denken" hinein- wirkenden Ehrfurcht vor dem Numinosen, dem eigentlich Hei- ligen, im heutigen Begriff „Wichtel" noch vorhanden – ?

## Den Verlust bilanzieren

Die Informationsreise in die Vergangenheit, zu den Ur- sprüngen und zur Bedeutungs-Geschichte der Begriffe „Zwerg" und „Wichtel" will dazu dienen, deren im Grunde sinnverwirrende inhaltliche Unklarheit im heutigen Wortge- brauch offenzulegen. Wie bedeutungsvoll es ist, ob die Begrif- fe einer Sprache „stimmen" und einigermaßen klar sind oder im Gegenteil unstimmig, mehrdeutig und unklar, zeigte sich be- sonders deutlich am Beispiel Wichtel/Wicht. Nur dort, wo die Begriffe eine sichere sprachliche Verständnisbrücke bilden zu dem, was sie bezeichnen, lassen sie auch eine tragende *innere* Beziehung zum Bezeichneten zu. Die beiden Ausdrücke Zwerg und Wichtel können diese sichere Brücke nicht mehr bilden, sie blockieren vielmehr aufgrund ihrer begrifflichen Unstimmig- keit die Vorstellung von und die Beziehung zu den wie auch im- mer benannten „übernatürlichen Wesen". Nicht nur die Köl- ner Bürger wie in August Kopischs Reim-Geschichte haben mit dem Verlust der Klarheit über Art und Wesen ihrer Helfer auch den Verlust einer einstmals klaren Beziehung zu beklagen: „O weh, nun sind sie alle fort …"

Doch weiterführend wäre es allemal, statt zu klagen den Ver- lust zu bilanzieren und dem nachzuspüren, was da wohl falsch gelaufen ist und ursächlich zum Verlust führte. Ein erster Schritt, um das Verlorene wiederzugewinnen – die Möglichkeit dazu be- steht durchaus. Denn das Bilanzergebnis des Verlustes – bezo- gen auf das Stammkapital „Wesenhafte" – liefert die Erkenntnis:

die Situation ist gerade umgekehrt, als sie beklagt wird! Nicht die
Heinzelmännchen (oder wie die wesenhaften Helfer sonst noch
genannt werden mögen) „sind alle fort", sondern wir, die Menschen, sind fort von ihnen, haben die Verbindung zu ihnen auf-
gegeben und sie aus dem Bewußtsein unserer Menschenwelt
vertrieben. Die Wesenhaften dagegen, zu denen die (guten)
Zwerge und Wichtel, die Natur- und Elementarwesen und noch
manche mehr zu zählen sind, blieben und bleiben niemals „fort".
Sie waren und sind immer da und erfüllen getreulich ihren
Schöpfungsauftrag. Es liegt also ganz allein an uns, nach ihnen
zu „suchen" und bewußt einiges zu unternehmen, um die lebendige Beziehung zu den Wesenhaften wieder zu gewinnen.

Es dürfte übrigens kaum ein Zufall sein, daß der Verfasser der
Gralsbotschaft die Worte „Zwerg" und „Wichtel" gar nicht
verwendet, auch nicht oder erst recht nicht in jenen Vorträgen,
die von den Wesenhaften sprechen. Als Grund dafür darf die
bedeutungsmäßige Unklarheit dieser traditionellen Begriffe angenommen werden. Denn nimmt man sie „beim Wort", legt
man also ihre heutige Bedeutung im allgemeinen Wortgebrauch
zugrunde, so können sie mit den Erklärungen der Gralsbotschaft über die Wesenhaften und ihr Wirken nicht in Einklang
gebracht werden. Es hapert vor allem an den zweierlei „Sorten"
– gute und un-gute – von Zwergen und Wichteln in der traditionellen Bedeutung der Begriffe. Ins Verhältnis zu den Darle-
gungen der Gralsbotschaft gesetzt, könnte allenfalls die im Guten wirkende „Sorte" zu den Wesenhaften gezählt werden, so
etwa Schneewittchens sieben Zwerge, die in ihrer Art dem
„Gottlosen" ganz und gar fernstehen. Die anderen, also die
grantig, boshaft oder bedrohlich wirkenden Zwerge, auch Ko-
bolde, Spukgeister usw. haben mit den Wesenhaften nichts zu
tun (was noch zu erklären sein wird). Denn die Wesenhaften

sind nach der Darstellung Abd-ru-shins Geschöpfe, die überhaupt nur in einer einzigen Art wirken können: im völligen Einklang mit dem Gotteswillen. Sie werden daher auch niemals boshaft oder garstig oder bedrohlich auftreten.

## II. Wer sind die Wesenhaften?

Wer genau wissen möchte, was ein Zwerg eigentlich ist, hat die Möglichkeit, zum Lexikon zu greifen. Und dort trifft er – zum Beispiel im aktuellen dtv-Lexikon[7] – auf Angaben, die sich ebenso aufschlußreich wie irritierend anhören. Unter dem Stichwort „Zwerg" steht dort: *„Im älteren Volksglauben mischen sich die Vorstellungen von Toten- und Ahnengeistern (-> Kobold), Natur- und Spukgeistern (-> Elfen) mit den Grundvorstellungen von Erdgeistern, die unter der Erde, in Höhlen, Bergen, Grabhügeln oder hohlen Bäumen, und Hausgeistern, die in den Behausungen der Menschen wohnen. Der Name Z. bedeutet entweder ‚Wesen mit körperl. Gebrechen' oder ‚Trugwesen'; andere Namen sind Wichtel, Heinzelmännchen, (...) Geschildert werden die Z. als klein, alt, grau, vogelfüßig, nackt oder zerlumpt oder wie kleine Menschen; (...) Sie sind geschickt im Schmieden, Brauen, Backen und allen bäuerl., aber auch häusl. Arbeiten; sie bewachen Schätze, kennen die Zukunft, rächen Beleidigungen und bestrafen Hartherzigkeit."*

Diese lexikalischen Angaben vermitteln in der Tat das Bild sich vermischender Vorstellungen. Zuallererst irritiert der Begriff *„Geister"*, wie er im Zitat mehrfach auftaucht und zwar sowohl im Zusammenhang mit Natur-/Elementarwesen als auch

---

7 *Brockhaus, Mannheim, und Deutscher Taschenbuch Verlag, München (1999)*

mit Menschen („Toten- und Ahnengeister"). Er irritiert jedenfalls dann, wenn man von der klaren Definition der Gralsbotschaft zum Begriff „Geist" ausgeht und dabei im Hinterkopf
hat, daß die im Zitat genannten Zwerge, Erd-, Haus- und Na-
tur-„Geister" eben *keine* „Geister" sind, sondern vielmehr
„Wesen".

Beides, Geist und Wesen, sind Schöpfungs-Grundarten, die
sich deutlich voneinander unterscheiden. Diesen Unterschied
zu erklären, bedarf es einer kurzen Vertiefung in die Erklärungen der Gralsbotschaft.

## Wesenhafte und geistige Grundart

Die Kreaturen, die in Gottes Schöpfung ihren Lebensraum
haben, sind erschaffen in zwei gleichwertigen, aber unterschiedlichen Grundarten:

1. die Grundart des *Geistes* (sie ist u. a. den Menschen zu eigen) und

2. die Grundart des *Wesens* (sie ist u. a. bei den Natur- und
Elementarwesen gegeben).

Jede dieser Grundarten gibt es in vielen Abstufungen von einem originären, das heißt von Anfang an gegebenen Bewußtsein bis hin zu einem solchen in keimhafter, jedoch entwick-
lungsfähiger und entwicklungsbereiter Art. Dieses Sich-be-
wußt-sein-Können bedingt die Form der Menschengestalt –
und das gilt sowohl für die Grundart „Geist" als auch für die
Grundart „Wesen".

Die Grundarten schließen einander nicht aus; das heißt, *eine*
Grundart ist und bleibt bestimmend für ein Geschöpf, doch
kann es auch, mehr oder weniger stark ausgeprägt, Elemente
der jeweils anderen Art in sich tragen. So haben die Menschengeister zum Beispiel auch Wesenhaftes in sich, wie ebenso vie-

le Wesenhafte Geistiges. Wie nun unterscheiden sich die beiden Grundarten?

Das *Wesen* erfüllt sich in seinem gesamten Sein und Wirken ausschließlich im Schöpferwillen.[8] Das bedeutet, sein Wollen steht „von Natur aus", ihm gleichsam angeboren, im Schöpferwillen, so daß es wie an diesen gebunden ist. Die *geistige* Grundart der Menschen dagegen hat einen freien, im Ursprung ungebundenen Willen. Diese Eigenschaft der Geschöpfe geistiger Art bedeutet für sie die „Option", aus eigenem, freiem Wollen den Einklang mit dem Gotteswillen zu suchen beziehungsweise danach zu streben, oder aber auch Entscheidungen treffen zu können, für welche das Streben nach diesem Einklang eben nicht das Maß ist. Doch kein freier Wille ohne Verantwortung, keine Entscheidung ohne Rück- oder Wechselwirkung – im Guten wie im Üblen, im Großen wie im Kleinen. Alle Entscheidungen, in allen ihren unterschiedlichen Nuancen, sind wie durch feine Fäden mit dem Menschen, von dem sie ausgehen, auf längere oder kürzere Dauer verbunden. Aus diesen Fäden weben – wie altes Sagengut es weiß – die Nornen[9] das Geflecht des Schicksals entsprechend dem geistigen Wollen der Menschengeister.

Die Wesenhaften in ihrer natürlichen Anbindung an den Gotteswillen erfüllen diesen in selbstverständlicher Art und Weise und verantworten deshalb allein dadurch ihr Tun. Sie sind auch nicht wie die Menschen in ein Schicksalsgeflecht von „Schuld und Sühne" eingebunden, einfach deshalb, weil sie ihrer Grundart entsprechend nicht anders als dem Gotteswillen

8 s. Gralsbotschaft, Vorträge „Irrungen"; „Schöpfungsentwicklung"
9 die altnordische Sage kennt drei Nornen als Schicksalsgöttinnen (nach dem „Vorbild" der antiken Parzen oder der keltischen Madres); die germ. Stämme verehrten urspr. Nornen (von „nyrna" = leise warnend) unbestimmter Zahl als Göttinnen des Schicksals und der Geburt.

entsprechend handeln. Dagegen ist dem Menschengeist eine solche Ergebenheit in den Gotteswillen nicht zu eigen. Wo er in seinem Handeln dem Gotteswillen bewußt folgt und ihn erfüllt –
wie es eigentlich sein sollte –, ist er diesem nicht ergeben, sondern er ist ihm – treu. Seine Treue ist eine *geistige* Eigenschaft,
besser gesagt eine Tugend, die mit der Möglichkeit zum freien
Willensentscheid als Eigenschaft der geistigen Grundart zusammenhängt. Bestimmend ist, wie schon gesagt, die jeweilige
Grundart. Auch Wesenhafte, die Geistiges in sich tragen, wirken
ihrer *Grundart* entsprechend ausschließlich im Gotteswillen.

### Diesseits, Jenseits, Welt und Schöpfung

Zurück zum Lexikon-Zitat – dort wurden Toten-, Spuk- und
Ahnengeister erwähnt. Wenn diese drei Kategorien den Begriff „Geist" im Namen führen, so ist das in diesem Falle zu-
treffend. Handelt es sich doch dabei um Menschengeister, welche – ihres Erdenkörpers durch den irdischen Tod entblößt – im
sogenannten Jenseits weiterleben. Solange sie dort, bedingt
durch ein entsprechend schweres „Geflecht ihres Schicksals", sei
es durch eine noch zu lösende Schuld, sei es durch einen Hang,
in stärkerem Maße mit der irdischen Sphäre verbunden bleiben,
können sie sich in irgendeiner Weise, zum Beispiel durch Spuk-
phänomene[10], auf Erden bemerkbar machen. Dies zeigt, wie eng
miteinander verbunden Dies- und Jenseits im Grunde sind.
Oder anders gedacht: Es besteht überhaupt keine Kluft zwischen beiden Bereichen, weil ein und dieselbe Kraft beide erhält
und durchströmt. Wir haben uns nur angewöhnt, das als nicht
mehr diesseitig anzusehen und einzuordnen, was „jenseits" der
Reichweite unserer irdischen Erkenntnismittel liegt. Wie denn

10 s. auch Beitrag „Dem Geist auf der Spur", GRALSWELT Heft 2, 1997

überhaupt die Gralsbotschaft den Schöpfungsbau als ein Ganzes beschreibt. Er ist erschaffen und entstanden nach einem von oben bis nach unten durchgehenden, durch den Schöpfungsakt in Gang gesetzten „Plan", der sich wie zwangsläufig aus der Wirkung des Gotteswortes *„Es werde Licht!"* entwickelte:

Von Anbeginn und ewig ist über und außerhalb der Schöpfung Gott, als Ausgangspunkt aller Kraft und allen Lebens, sowie der ihm nächste Bereich des Göttlichen (u. a. mit den Erzengeln). Die aus seinem Wort, seinem Willen unmittelbar hervorgegangene Schöpfung reicht in ihrem obersten, lichtesten, ätherisiertesten Teile an einem Punkte[11] bis an das Göttliche heran, jedoch nicht in dieses hinein. Diesen „ersten", ursprünglichen Teil der Schöpfung, der in seinen untersten Bereichen das „Paradies" der Menschengeister, deren Ausgangspunkt und geistigen Heimatort, beherbergt, nennt die Gralsbotschaft die „Ur-Schöpfung" oder das unvergängliche „geistige Reich". Unter der Urschöpfung schließt sich die Nachschöpfung an, die sogenannte „Welt" mit den Ebenen der Feinstofflichkeit und der Grobstofflichkeit, zu welcher unsere Erdenwelt zu rechnen ist. Anders als die unvergängliche Urschöpfung ist die Nachschöpfung einem ewigen Kreisumlauf von Werden und Zergehen unterworfen.

Durch die Bereiche der Fein- und der Grobstofflichkeit, also durch die Nachschöpfung, führt für die Menschengeister der Entwicklungsweg bis herab zur Erde und des Wegs zurück zum „Paradies", dem Ziel ihrer *geistigen* Menschwerdung. Auf diesem ihren Entwicklungsweg sind ihnen – sowohl im irdischen „Diesseits" als auch „jenseits" davon, also in sämtlichen

---

11 dieser Punkt entspricht der „*Gralsburg*", an höchster Stelle der Schöpfung der Vermittlungspunkt zwischen dem Schöpfer und seinem Werk (s. GRALSWELT-Themenheft Nr. 4, „Der Heilige Gral").

hinaufführenden Stufen oder Ebenen der Schöpfung – die Wesenhaften die stärksten Helfer, um so mehr, wenn sie sich auf deren Hilfe bewußt einstellen. Im Bereich der irdischen Grobstofflichkeit fällt ihnen das am schwersten, weil die Kenntnis
von ihnen über die Jahrhunderte mehr und mehr zusammen-
schrumpfte, sie für die Menschen (vermeintlich) „alle fort" sind
und ihr Intellekt das Wissen von ihnen bis zum Gartenzwerg
verkleinert und veräußerlicht hat. Und doch schlummert in solchen Veräußerlichungen oft auch der Keim der Sehnsucht und
weckt Fragen wie diese: Wo sind die „Zwerge", die kleinen Wesenhaften zu Hause, wenn es sie „wirklich" gibt? Wo kommen
sie her und wie wirken sie?

## Der »Ring des Wesenhaften«

Den Herkunftsort der kleinen Wesenhaften kann man sich
wie eine Art „Pufferzone" zwischen den weiter oben beschriebenen Bereichen der unvergänglichen Urschöpfung und
der dem Wandel von Reifen und Vergehen unterworfenen
Nachschöpfung vorstellen. Dieses Reich des Wesenhaften, das
sich verbindend zwischen den Schöpfungen bewegt, wird in der
Gralsbotschaft als der „Ring des Wesenhaften" bezeichnet. Er
verbindet den unteren Rand des geistigen Reiches mit dem
feinsten Teil der Nachschöpfung, der Welt der Stofflichkeiten,
und die hier „beheimateten" Wesen vermitteln zwischen bei-
dem. Das Verbinden und das Vermitteln gehört schlechthin
zum Schöpfungsauftrag alles Wesenhaften. In dieser Funktion
sind die Gottesdiener aus dem „Ring des Wesenhaften" die
wichtigsten Baumeister und Gestalter der Nachschöpfung.
Denn durch die vermittelnde Hand dieser getreuen Diener des
Schöpfers und in Erfüllung *seines* Willens formte sich alles, was
darin besteht – alle Formen, Farben, Muster, Gestalten, Ele-

mente, Strukturen, die der Landschaften, der Meere, der Pflanzen- und Tierwelt. Es läßt sich denken, daß unendlich viele Arten von Wesenhaften an diesem gewaltigen Werk teilhatten und teilhaben, unter ihnen große und größere Naturwesen oder auch kleinere wie die Erdmännlein oder Gnomen, die Nixen, die Elfen usw. – ebenso jene Wesenhaften, die, seit die Menschen ihren Entwicklungsweg durch die „Welt" antraten, in enger Verbindung mit uns tätig werden. Und da sie alle Bewußtsein, auch geistiger Art, haben beziehungsweise sich zu Bewußtsein entwickelten, haben sie Menschenform. In diesem Punkte vermittelt das dtv-Lexikon die richtige Information mit dem Hinweis, die „Zwerge" (die Wesenhaften) würden als „klein" oder „wie kleine Menschen" geschildert. Zu ergänzen wäre, daß es darüber hinaus aus dem „Ring des Wesenhaften" auch solche größerer Gestalt gibt – die „Riesen" gehören u. a. dazu.

### Lexikon-Stichwort »Zwerg«

Auch die weiteren Angaben zum Aussehen der Zwerge im dtv-Lexikon, Stichwort „Zwerg", verdienen Aufmerksamkeit, da sie – auch und gerade in ihrer Vermischung – durchaus nicht aus der Luft gegriffen sind. Im Zitat heißt es u. a., daß Zwerge „grau, vogelfüßig, nackt oder zerlumpt" erscheinen. Solche und ähnliche Vorstellungen gab es tatsächlich im „älteren Volksglauben" (auf den sich das dtv-Lexikon bezieht), und so mögen sie teilweise heute noch als fiktive Vorgaben zum Beispiel für Fantasyfilme/romane etc. dienen. Doch anhand der zuvor getroffenen Feststellung, daß Zwerge, sofern damit Wesenhafte gemeint sind, mit ihrem Sein und Leben nur im Gotteswillen stehen, verlieren derartige Vorstellungen den Boden unter den Füßen. Wie aber dann konnte es zu solchen Vorstellungsbildern kommen? Dafür dürften in erster Linie Phantasieformen „verantwortlich" sein, wohl auch Gestalten von Dämonen, Furien und Phantomen. Diese haben jedoch als solche nichts mit den Wesenhaften gemein, sondern sie sind aus menschlichem Denken, wenn nicht sogar üblem Wollen gezeugte und für eine Zeit sich erhaltende Formen[12], die für sensible „Augen" auch sichtbar sein können. Darauf braucht hier nicht näher eingegangen zu werden, es ist ein Thema für sich.

Weiterführend für das Thema „Wesenhafte" sind die Hinweise des Lexikontextes zur Tätigkeit der Zwerge resp. der kleinen Wesenhaften. Dazu wird angegeben, daß sie geschickt seien im Schmieden, Brauen, Backen und allen bäuerlichen, aber auch häuslichen Arbeiten. Das heißt, sie wirken, bauen und helfen nicht nur in der Natur, in den Bergen, in Flüssen und Seen, in den Bewegungen der Luft usw., sondern sie sind auch überall dort tätig, wo Menschen ihrer Arbeit nachgehen. Aus den an sich klaren Tätigkeitsangaben (sie lassen deutlich eine frühere historische Epoche erkennen) spricht persönliches Erleben, Lebenserfahrung, und sie erinnern ein wenig an die Beschreibungen der „Kölner Heinzelmännchen" sowie ihre Aktivitäten bei den verschiedenen Handwerkern, vom Küfer bis zum Schneider, vom Zimmermann bis zum Bäcker …

Das Bewußtsein, daß nicht die Heinzelmännchen von uns „alle fort" sind, sondern wir nur von ihnen, und daß die „Kleinen" auch in unserer Epoche noch überall helfen können, sofern wir uns richtig auf sie einstellen, ist, recht besehen, ein Punkt der Hoffnung und der Freude – die weiteren Kapitel in diesem Band werden das noch verdeutlichen. Aber wie sieht es mit den eher bedrohlichen Fähigkeiten und Verhaltensweisen

---

12 s. *Vortrag der Gralsbotschaft „Im Reiche der Dämonen und Phantome"*

der „Zwerge" aus? Wenn zum Beispiel der zitierte Lexikontext notiert: *„sie bewachen Schätze, kennen die Zukunft, rächen Beleidigungen und bestrafen Hartherzigkeit" –?*

## Böse Zwerge

Auch aus diesen Angaben spricht bestätigende Lebenserfahrung – sie sollten also ernst genommen werden. Es gibt viele Beispiele in Sage und Märchen dafür, daß – in den meisten Fällen böse – „Zwerge" einen Schatz hüten. Richard Wagners Hüter des Nibelungenschatzes, der zwergenhafte Alberich[13], gehört als „modernes", der Kunst verbundenes Beispiel zu dieser Kategorie. Die Deutung oder Bedeutung solcher Zwerge könnte einerseits im Stile mancher Märchenforscher von Verkörperungen menschlicher Untugenden ausgehen – hier etwa Geldgier, „Goldrausch" u. ä. Andererseits wäre aber auch denkbar, daß ein Schatz von Wesenhaften sorglich gehütet wird, weil er einmal einem wertvollen Ziele dienen soll. Sie geben ihm ihren Schutz, so daß er verborgen bleibt, bis er in die dafür bestimmten, richtigen Hände kommt. Auch dafür gibt es Beispiele in Mythen, Sagen und Märchen. Solche Aufgaben von Wesenhaften liegen sicher im Bereich des Vorstellbaren.

Etwas anders sieht es mit den Aussagen aus, daß Zwerge die Zukunft kennen, Beleidigungen rächen und Hartherzigkeit bestrafen – obwohl auch das, etwas anders beleuchtet, sein Richtiges hat. Zum Beispiel das Kennen der Zukunft: Da Wesenhafte völlig im Gotteswillen stehen und wirken, erkennen sie auch sogleich, wo und wenn etwas gerade *nicht* im Einklang mit dem Gotteswillen steht. Wenn also ein Mensch, dem sie sich zuwenden, etwas falsch gemacht hat und sich in irgendeiner Wei-

---

13 *Bühnenfestspiel „Ring des Nibelungen" (Rheingold)*

se so verhielt, wie es den Gottesgesetzen nicht entspricht, so wird ihn aus diesem Verhalten zwangsläufig (nach dem Gesetz von Saat und Ernte) eine Rückwirkung, eine Wechselwirkung aus seinem Verhalten treffen. Solche auf den Menschen zukommenden Geschehnisse vorherzusehen, ist den Wesenhaften in vielen Fällen möglich. Und wer es so einmal erlebt hat – was eine große Hilfe sein kann –, der wird ohne weiteres zu der Ansicht kommen, daß „Zwerge" ganz allgemein „die Zukunft" kennen. Es ist diese Aussage also bedingt zu verstehen, sie wird sich immer nur im Gesamtzusammenhang der jeweils gegebenen Situation bestätigen.

In manchen Fällen hängt das Kennen der Zukunft auch mit Naturkatastrophen zusammen. Und da die Natur für die Wesenhaften ihr ureigenes Wirkungsfeld ist, und sie an Veränderungen, Umwälzungen und auch an Auswirkungen durch Menscheneinfluß mitwirken (müssen), so wissen sie auch, wo das zu Gefährdungen für Menschen führen kann. Wo immer es ihnen möglich ist, werden sie in solchen Situationen warnen. Bisweilen erreichen ihre Warnungen dafür geöffnete Menschen, und diese empfinden eine große Unruhe, die sie aus dem Bereich der Gefahr herausführt. Oder Tiere dienen als „Mittelsmänner" für die Warnung. Berichte über wundersame Rettungen durch auffallendes, außergewöhnliches Verhalten von Tieren – die in ihrer Art auch „wesenhaft" und daher für die Warnungen eher zugänglich sind – finden sich zahlreich und vielfältig.

Rache und Strafe dagegen sind ganz gewiß *nicht* ureigene Sache der Wesenhaften. Doch es ist am Ende nur eine etwas anders gestellte Sicht der Dinge, um auch diese Aussage: Zwerge *„rächen Beleidigungen und bestrafen Hartherzigkeit"* im Blick auf wesenhaftes Wirken richtigzustellen. Beleidigungen und Hartherzigkeit – das sind zwei Verhaltensweisen bezie-

47

hungsweise Handlungen, die wahrhaftig alles andere als gottgewollt sind. Wer andere beleidigt oder harten, verschlossenen Herzens durch die Welt geht, der zeigt sich nicht als ein „guter" Mensch, als einer, der sein Streben am Gotteswillen ausrichtet. Daraus folgt, es wird ihn aus diesem unguten, falschen Verhalten einmal eine „Reaktion", eine Wechselwirkung entsprechender Art treffen. Dabei sind nun die wesenhaften Helfer ebenso getreue „Erfüllungsgehilfen" ihres Herrn, wie sie das im umgekehrten Falle (wie im Beispiel der Schatzhüter für ein gutes Ziel) auch sind. Das heißt, Wesenhafte können unter bestimmten Umständen quasi gezwungen sein, einem Menschen auch einmal eine schlechte Rückwirkung aus einem falschen oder sogar bösen Verhalten zuzuführen. Im Verständnis vieler Betroffener gewinnt das dann ohne weiteres die Bedeutung von „Rache" oder „Strafe". Das Maß der Strafe richtet sich am Maß der auslösenden Tat aus. Im Prinzip und bild- oder symbolhaft berichten viele alte Märchen von dieser Wechselwirkung.

Die glühenden Schuhe, in welchen Schneewittchens Stiefmutter sich zu Tode tanzen muß, wären dafür ein (Märchen-)Beispiel, wie noch so manches andere, grausam erscheinende Ende, das die „Gottlosen" in den Volksmärchen trifft und sie „vernichtet".

> *»Durch die Schöpfung spricht Gott auch, zeigt deutlich seinen Willen.*
> *Diesen Willen zu erkennen, ist des Menschen Pflicht. Und der Gottessohn wies in seinem Heiligen Worte den rechten Weg dazu, weil sich die Menschen nicht darum bemühten und sich deshalb in die selbsttätigen Gesetze der Schöpfung immer mehr verstrickten.*

Dieses unverbiegbare Schöpfungsweben mußte die Menschen bei Unkenntnis und falscher Anwendung mit der Zeit vernichten, während es die Menschheit hoch emporhebt, wenn sie richtig nach dem Gotteswillen lebt.

Lohn und Strafe für den Menschen liegen in dem Schöpfungsweben, das durch Gottes Willen selbst andauernd gleichbleibend geleitet wird. Darin liegt auch Verwerfung oder die Erlösung! Es ist unerbittlich und gerecht, stets sachlich, ohne Willkür.

Darin liegt die unsagbare Größe Gottes, seine Liebe und Gerechtigkeit. Also in seinem Werke, das er dem Menschen neben vielen anderen von Wesenheiten mit als Wohnung und als Heimat überließ.

Es ist die Zeit, daß nun die Menschen zu dem Wissen davon kommen müssen, um mit voller Überzeugung zur Erkenntnis von dem Wirken Gottes zu gelangen, das in seinem Werk zum Ausdruck kommt!

Dann steht jeder Erdenmensch ganz unerschütterlich mit dem freudigsten Schaffenswollen hier auf Erden, in dem dankbarsten Aufblicke zu Gott, weil das Erkennen ihn für alle Zeit verbindet durch das Wissen!

Um den Menschen solches Wissen zu vermitteln, das ihnen übersichtliche und verständliche Überzeugung von dem Wirken Gottes in seiner Gerechtigkeit und Liebe gibt, schrieb ich das Werk ‚Im Lichte der Wahrheit‘, das keine Lücke läßt, auf jede Frage Antwort in sich birgt, den Menschen Klarheit bringt, wie wunderbar die Wege in der Schöpfung sind, die viele Diener seines Willens tragen.«

ABD-RU-SHIN, »Kult«

## III. Auf dem Weg zur Gotterkenntnis

Die Verbindung beziehungsweise Beziehung zwischen den Wesenhaften und den Menschen enthält in sich einen bisher noch nicht erwähnten Aspekt von besonderer Bedeutung, nämlich im Blick auf bestimmte kulturelle, geistesgeschichtliche Entwicklungen. Die germanischen Stämme der Völkerwanderungszeit geben dafür ein gutes und für Deutschsprachige historisch gesehen ein naheliegendes Beispiel. Denn die Menschen dieser Epoche kannten vor ihrer Christianisierung nacheinander außer den von ihnen so benannten „Wichten" („*waîht*", siehe Teil I dieses Kapitels) auch „Götter"[14] – also überall in ihrem Umfeld wirkende (kleinere und größere) Naturwesen und solche Wesen, die in der „Hierarchie" höher standen als die Wichte und ihnen als Götter wie starke Führer, zum Beispiel der Elemente, erschienen.

Nun hat die Forschung, genauer gesagt: die vergleichende Mythologie – die Erforschung der Göttermythen und Göttersagen in allen Kulturen – längst ermitteln können, daß die Vorstellung von Leib *und* Seele im Menschen, von einem Zusammenhang zwischen Schlaf, Traum und Tod, von der besonde-

---

14 Das Wort „Gott" lautete zur Völkerwanderungszeit „guþ", alt- u. mittelhochdeutsch „got" und bezeichnete in seiner Bedeutung den „Anzurufenden" (zurückgehend auf idg.*„ghu"= das anrufende Wesen). Es kommt nur in den german., nicht aber in verwandten Sprachzweigen (z.B. dem romanischen) vor. Nur im Himmelsgott „Tyr" (Tiu, Ziu), der unserem „Dienstag" (bayer. heute noch „Irsta") den Namen gab, steckt ein historischer Bezug zu anderen Sprachen, zum Beispiel zum lat. „deus" resp. zum aind. „devá".- Einige Forscher vermuten die Herkunft des Wortes vom griech. „chéein"=gießen (chytón=gegossen, germ. guþa).

ren Kraft der Tiere, von der Beseeltheit bestimmter Bäume, Steine/Felsen und Orte in den Überlieferungen *aller* frühen und auch der Natur-Völker vorkommt, und zwar in gleicher oder einander doch oft sehr ähnlicher Weise. Schon ältere Forscher[15] unterschieden dabei zwischen einer „niederen" und einer „höheren" Mythologie und erkannten, bei vielen Völkern gleichermaßen zu beobachten, daß ihre Mythen von den Wesen in Feld, Wald und Flur, in den Heimen der Menschen, in Bäumen, Flüssen und Seen usw. häufig fortschritten zu *über* diesen stehenden und stärker wirkenden Wesen – genannt: Götter. Diese Entwicklung erwies sich zugleich als eine Art Indikator oder Gradmesser für den Entwicklungsstand ihrer Kultur.

## Ein Entwicklungsmuster

Im Fortschreiten der mythischen Überlieferungen von „einfachen", in der Natur erlebten Wesenheiten zu höherstehend empfundenen Gottheiten wird ein Entwicklungsmuster sichtbar, das sich in der „alten" Geschichte, d. h. in diesem Fall: vor dem Auftreten des Monotheismus beziehungsweise bis zur Menschwerdung des Gottessohnes Jesus, in vielen Beispielen zeigt und wiederholt. Die Entwicklung in den germanischen Stämmen, in ihren Anfängen widergespiegelt in der Wortgeschichte des Begriffs „Wichtel" beziehungsweise „Wicht", zeigt im wesentlichen genau die Wegführung, der schon vorher viele historische Völker gefolgt waren. Und soweit das religiöse Wissen der Völkerwanderungszeit heute erschlossen ist, ist es mehr als eine bloße Vermutung, daß christliche Missionare, als

---

15 z. B. *Friedrich von der Leyen, „Die Götter und Göttersagen der Germanen", Einleitung; C. H. Becksche Verlagsbuchhandlung, München, 1909*

51

sie ihr Werk der Verkündung von Christi Botschaft begannen, zu ganz anderen Erfolgen hätten vorstoßen können, indem sie am Wissensstand der zu „Bekehrenden" angeknüpft und von dort aus weiter aufgebaut hätten. Statt dessen wurde das alte Wissen, das zudem in seiner Weltschau schon so manches mit der Christusbotschaft Übereinstimmende enthielt, gewaltsam unterbunden – blutige Missions-Maßnahmen und Aufstände dagegen blieben demzufolge nicht aus …

Doch zurück zum Entwicklungsmuster. Wie kann man sich im einzelnen den Entwicklungsschritt von der „niederen" zu einer „höheren" Mythologie vorstellen? Solange die Menschen wie zum Beispiel in der Völkerwanderungszeit sich mit den Wesen in der sie umgebenden Natur „austauschten", war ihnen auch bewußt, daß diese Wesen von den weitergreifenden Lebensordnungen und den unveränderlichen Gesetzlichkeiten in Natur und Welt mehr „wußten" und ihnen stärker verbunden waren als die Menschen. So wendeten sie sich vertrauend und dankbar an diese Wesen, die viele unter ihnen nicht nur erleben, sondern auch sehen konnten: die größeren Naturwesen ebenso wie die Gnome, die Erd- und Bergmännlein, die Elfen, die Nixen, den Wassermann, die Sylphen[16] … Die Menschen erlebten mit, daß diese Wesen das Wachsen und Gedeihen, die Bewegungen und Veränderungen in der Natur betreuten, und daß von ihnen und ihrem Wirken vieles zu erlernen war. Denn sie halfen auch den Menschen in ihrem Lebensalltag: sie raunten ihnen zu, wann und wie die Pflanzen am besten gedeihen, wie sie sie pflegen und fördern könnten, wiesen sie im Umgang mit den Tieren an, lehrten sie das Wetter und seine Regeln zu verstehen und sich

---

16 *Nach Paracelsus ist der Sylph ein Luftgeist, die weiblichen unter ihnen heißen Sylphiden.*

nutzbar zu machen oder sie warnten vor sich anbahnenden Naturkatastrophen. Kein Wunder, wenn dieses auf Erlebnis und Erfahrung gestützte Vertrauen und Wissen sich zumindest im Volk weit über die Jahrhunderte der Christianisierung hinweg erhielt und selbst durch eine indoktrinierte, gegen das heidnische Unwesen gerichtete Haltung der christlichen Geistlichkeit nicht auszurotten war. Die alten Volksmärchen bildeten eine Art Schatztruhe um dieses Wissen – ihre Riegel und Siegel zu brechen und sie zu öffnen, um die Werte zur Nutzung herauszuheben, ist für den Menschen von heute kein leichtes Ding.

Die Menschen in den frühen Jahrhunderten unserer Zeitrechnung haben offensichtlich in der für sie ganz natürlichen „Zusammenarbeit" mit den kleinen und größeren Wesenhaften auch erlebt, daß „über" diesen noch stärkere Wesen standen und lenkend oder führend bestimmte Abläufe in ihrer „Person" und in ihrem Wirken zusammenfaßten. Die Menschen sahen und verehrten sie als Götter.

Eine besondere Rolle spielten bei dieser Entwicklung die Elfen (auch Elb oder Alb genannt). Im Verständnis der germanischen Stämme waren sie verbindende und vermittelnde Lichtgestalten[17] – in späterer Zeit auch als Feen[18] – zwischen ihnen und den Göttern. Und als Gottheiten, männliche wie weibliche, verehrten sie solche, die „zuständig" waren zum Beispiel für den Himmel und den Lauf seiner Gestirne, für das

---

17 *In der nord. Sage gab es schöne, freundliche Lichtelben sowie häßliche, böse Dunkelelben – die Zwerge gehörten zu ihnen; etwas davon steckt im Begriff „Alp(b)traum".*
18 *Ursprüngl. bei den Kelten gekannte, elfenhaft schöne, weibl. Wesenheit; kam über die höfische Dichtung des frühen Mittelalters auch in den deutschen Sprachraum.*

Licht, die Sonne und das Wettergeschehen mit Sturm, Blitz und Donner, ebenso kannten sie führende Gottheiten – entsprechend den kleineren Elementarwesen – für die einzelnen Elemente und alles, was zu diesen gehört.

Im natürlichen Fortgang hätte dieser Entwicklungsweg über die Verehrung der Gottheiten weiterführen können – oder auch *sollen* – zum Monotheismus, zum Wissen von dem einen, höchsten Schöpfergott. Denn ihr Wissen um lichtverbundene Wesenheiten sowie von der Größe im Sein und Wirken ihrer Götter vermittelte den Menschen ein Ahnen vom Numinosen, vom Heiligen in der Schöpfung, und davon, daß dieses Heilige schließlich in *einem* höchsten und stärksten Gott seinen Ursprung haben mußte. Und selbst wenn sie so weit in ihrem ahnenden Erkennen noch nicht voranschritten, so befanden sie sich doch auf ihrem Weg des Zusammenklangs mit dem Wirken der Wesenhaften im Besitz eines umfassenden Schöpfungswissens – es setzte keine Kluft zwischen Dies- und Jenseits und erkannte nur eine Kraft, die erhaltend und belebend alles durchströmt. Unter diesem Wissen sahen sie die Wesen und die Gottheiten auch nicht als „über"-natürlich an, sondern sie empfanden sie als natürlich vorhanden seiend. Sie wirkten für die Menschen aus einem Bereich heraus, der zwar „jenseits" ihrer menschlichen Begriffs- und ihrer intellektuellen Erklärungsmöglichkeiten lag, ansonsten gleichwohl zur „Natur" der Schöpfung gehörte.

## Der Bruch in der Entwicklung

Warum aber führte der geistige Entwicklungsweg (vorchristlich) bei den verschiedensten Völkern nur so selten zum „Ziel", also bis zum Monotheismus, zum Ein-Gott-Glauben – wie etwa in der alten jüdischen Glaubensüberlieferung (Altes Testament)[19]? Denn mehrheitlich trat in der beschriebenen Entwicklung früher oder später ein Stillstand ein, meist gefolgt von kulturellem und geistigem Abstieg. Es findet sich, wie Aufstieg und Niedergang historischer Hochkulturen dokumentieren, daß in solchen Fällen die Beziehung zwischen den Menschen und den Wesen, die sie kannten und verehrten, brüchig geworden war. Und zwar aufgrund dessen, daß das Menschenwollen sich fortwachsend von ihnen entfernte und damit von dem, was diese Wesen erfüllt, dem Gotteswillen. Anders ausgedrückt übernahm menschliche Selbstüberhebung das Steuer der Entwicklung – die Saat aus der Frucht vom „Baum der Erkenntnis", welche seit dem sogenannten Sündenfall[20] den Menschen anhing, war aufgegangen und begann die Beziehung zwischen Wesenhaften und Menschen zu überwuchern und zu trüben.

Infolgedessen wurden Rat, Hilfe und Weisung der Wesenhaften immer weniger gehört oder – was wichtiger ist – befolgt. Man kannte und nannte zwar noch die Götter, „opferte" ihnen und hielt sich an entstandene Kulte, um sie sich im Falle der Bedrohung durch Natur und Feind günstig zu stimmen. Aber das ursprünglich dem Transzendenten zugewandte, ehrfurchtsvolle Vertrauen wurde am Ende durch solche spekulativen Anrufungen verdunkelt. Und wo spekulatives Denken in der Weltanschauung Platz gewinnt, ist damit auch erklärt, wieso in den meisten Kulturen die Vorstellungen von den Göttern sich so offen-

---

19 *Daß in einigen jüdischen Stämmen am Götterglauben festgehalten wurde, vermochte diese Entwicklung im großen und ganzen nicht aufzuhalten, und zeigt nur, daß der Götterglaube in vielen Fällen erstarrt und verzerrt war (Baal-Kult).*
20 *Gemeint ist die Loslösung des Menschenwollens vom Gotteswillen, womit der Mensch den Rückbezug zu seiner geistigen Heimat, der auch und gerade im Irdischen für ihn helfend wirksam sein sollte, aufs Spiel setzte (s. auch Teil I im nächsten Kapitel dieses Buches).*

sichtlich mit menschlichen Verhaltensweisen verbinden. Denn die Menschen übertrugen ihre eigene Welt des Denkens und Handels auf die Gottheiten – vom Ehestreit und Ehebruch bis zum vernichtenden Kampf zwischen Mächtigen und noch Mächtigeren (die antike wie die germanische und viele andere Mythologien sind reich an Beispielen dafür).

Steht dahinter eine Art „Emanzipationsdrang" der Menschen gegenüber den Wesenhaften? Vielleicht in dem Sinne, daß sie, die Menschen, sich nun als die Maßgeblichen im Getriebe der irdischen Welt verstanden? Ihr eigenes Wissen um die praktischen Verhältnisse und die Regeln der Welt war ja gewachsen und es reichte aus, um „aus eigener Kraft" Gewinn, Besitz, Macht und Ansehen – wenn nötig, auch mit Waffengewalt und ohne Bedacht auf die Gesetze der Schöpfung – zu erreichen. So wurden Menschen zu Göttern und Götter zu Menschen. Die Transzendenz erstarrte zur Chiffre und diente den Mächtigen als Instrument, um ihre Ziele zu erreichen. Zwangsläufig folgte dem Verfall der geistigen Werte der Niedergang der Kultur.

> *»Bei jedem Volke, sogar bei jedem Menschen, auch den Menschen dieser Neuzeit muß* zuerst *die* Grundlage zur Aufnahme *der hohen Gotterkenntnisse vorhanden sein, die in der Christuslehre liegen. Nur aus einer dazu reifen Grundlage heraus darf dann und muß der Menschengeist hineingeführt werden in alle Möglichkeiten einer Gotterkenntnis durch die Christuslehre.*
>
> *So ist es, und es wird so bleiben bis in alle Ewigkeit!*
>
> *Könnte es anders sein, so würde Gott sich auch schon* früher *haben offenbaren lassen bei den Erdenvölkern. Er tat es nicht!*

*Erst wenn ein Volk in der Entwickelung so weit ge-
kommen war, daß es von dem Wirken alles Wesenhaften
wußte, dann konnte es vom Geistigen erfahren, von dem
Urgeistigen, dem Göttlichen, und zuletzt auch von Gott!*

*Doch immer nur in einer Art, die es verständnisvoll hin-
ausführte in höheres Begreifen durch dazu berufene Propheten, welche nie das Alte dabei stürzten. Sie bauten auf!
Genau, wie es auch Christus Jesus selbst dann tat und oft
in seinem Wort hervorgehoben hat (…)*

*Wer das Wirken der Wesenhaften überspringen will,
von denen die alten Völker genau wußten, der kann niemals zur wahren Gotterkenntnis kommen. Dieses genaue
Wissen ist eine unvermeidliche Stufe zur Erkenntnis, weil
der Menschengeist sich von unten nach oben durchzurin-
gen hat. Er kann das über seinem Begriffsvermögen liegende Urgeistige und das Göttliche niemals erahnen lernen,
wenn er nicht die zu ihm gehörenden unteren Schöpfungs-
stufen vorher als Grundlage dazu genau kennt. Es ist dies
unvermeidbar notwendig als Vorbereitung zu der höheren
Erkenntnismöglichkeit.*

*Wie ich schon sagte, wurde Kenntnis gegeben von Gott
auch immer erst solchen Völkern, die im Wissen von dem
Wirken der Wesenhaften standen, niemals anders. Denn
vorher ist eine Vorstellungsmöglichkeit dazu gar nicht gegeben. Sorgfältig wurde darin das ganze Menschenge-
schlecht vom Lichte aus geführt.«*

**ABD-RU-SHIN, »Das Gotterkennen«**

Auch die verschiedenen – verglichen zur Weltgeschichte –
„jungen" Menschenstämme der Völkerwanderungszeit,
die in ihrer Naturverbundenheit noch die Verbindung zu den

„Wichten" hatten oder suchten, waren im Laufe ihrer Entwicklung nicht frei von wachsender menschlicher Selbstüberhebung geblieben. Ein trübender Schleier hatte sich damit über das ursprünglich klare Wissen gebreitet und erstickte in Generationen so manche echte, alte Weisheit. Damit war eintretenden Mißverständnissen im Umgang mit den Wesenhaften Tür und Tor geöffnet. Denn wo infolge ihrer Selbstüberhebung im Leben der Menschen erdwärts gerichtete Ziele die größte Rolle zu spielen begannen, wurde das Sein und Wirken der Wesenhaften mit entsprechend vergröbertem Maßstab gemessen und erlebt. Ein Bruch an der Wurzel der Beziehung – mit Wirkung bis heute. Was den Menschen einmal ohne weiteres klar und natürlich gewesen war, begann für sie nun ins Dämmerlicht einer über-natürlichen Welt der Naturwesen und „Götter" zu entrücken. Auch deren durch ihr Sein und Wirken bedingte Macht und ihre Kraft im Hause der Natur bis in die Welt der Menschen hinein blieb für sie nun nicht länger „natürlich", sondern wurde oft als unheimlich und willkürlich verstanden. Besonders dann, wenn – anscheinend unerklärlich – dramatische, tragische Geschehnisse in ihr Leben einbrachen.

Manche Göttermythen und -sagen, auch Volksmärchen – die zwar erst viel später als diese im deutschen Sprachraum „geboren" wurden (frühestens 11./12. Jh.), in ihren Motiven jedoch oft mindestens gleich alten, mythisch-mythologischen Ursprungs sind – geben Beispiele für die Veränderung, Trübung und Mischung der Vorstellungen. Auf die Ebene der „niederen Mythologie" gespiegelt, also zum Beispiel auf die Ebene der in der Natur wirkenden Wesenheiten, dürfte hier eine weitere Erklärung für die in Sage und Märchen vorkommenden bösartigen Zwerge und ihnen verwandte „übernatürliche" Märchenwesen zu finden sein.

## Christianisierter Mythos

Es fanden im Laufe der Zeit aber auch noch ganz andere Vermischungen statt: Denn mit und nach der „Christianisierung" durchdrangen vielerorts die erhaltenen, überlieferten Vorstellungen von gestalthaften Kräften in der Natur oder/und in der Umgebung der Menschen die Lehren, das Wissen und die Weisheiten christlicher Prägung. Dies oft in einem solchen Maße, daß Engel oder auch verschiedene Heilige gleichsam an die Stelle der Naturwesen und Gottheiten aus alter Zeit traten beziehungsweise deren Aufgaben in den Vorstellungen des sog. Volksglaubens übernahmen. Im gewissen Sinne wurden auf diese Weise nicht nur die Menschen, sondern auch die Welt und die Wesen ihrer Mythen „christianisiert". In früheren, vorchristlichen Zeiten hatten die Menschen häufig erleben können, daß ihnen in Momenten der Gefahr Wesenhafte helfend zur Seite sprangen und kraft ihres Wirkens ihre Rettung ermöglichten. Solche Lebenserfahrungen bleiben lange und tief im Bewußtsein der Menschheit bewahrt.

Nun läßt das christliche Dogma nur *eine* Kategorie „übernatürlicher", lichter Wesenheiten zu: das sind die Engel – große und kleine, das „Engelgeleit". Und wenn auch das heidnische Wissen unter dem Diktat des christlichen Dogmas verdrängt, ja „verboten" wurde, es erhielt sich über die Engel, auch über manche Heiligen-Legenden, einen (verhohlenen) Zugang zu den Herzen der Menschen.

Mit einem allerdings erheblichen Unterschied in der Vorstellung: Engel, große wie die Erzengel im Göttlichen und andere Engelwesen im „geistigen Reich" der Schöpfung, so erklärt die Gralsbotschaft, sind zwar auch wesenhaft, d. h. ihrer Grundart nach „Wesen", und erfüllen mit ihrem Sein den Gotteswillen. Doch sie und ihr Schöpfungsauftrag unterscheiden sich von den in den Welten des Werdens und Vergehens wirkenden Wesenhaften. Denn Engel erfüllen nicht nur den Gotteswillen, sie *schwingen* auch vollends in diesem. Und so sind sie als die Schwingen tragenden Boten Gottes „unterwegs", um seinen Willen zu verkünden. Einer von ihnen stieg vor zwei Jahrtausenden vom Himmel hernieder, und „die Klarheit des Herrn leuchtete" um ihn, als er zu den Hirten auf dem Felde, die vor seinem Erscheinen erschraken, sprach: „Fürchtet euch nicht! Siehe, ich verkündige euch große Freude, die allem Volk widerfahren wird; denn euch ist heute der Heiland geboren" (Luk. 2,10–11).

Die Gottesboten steigen nieder in die Nachschöpfung und wieder hinauf zu ihrem Herrn. Aber sie verbinden sich nicht den Menschen auf Erden, außer eben, wenn sie Auftrag haben, ihnen etwas zu verkünden – wie auch der „Verkündigungsengel", der Maria mit seiner Botschaft auf die Inkarnation des Gottessohnes vorbereitete.

Wenn heute noch erstaunliche Rettungen oder Hilfen wie aus einer anderen Welt geschehen und beschrieben werden, sprechen die Berichterstatter meist von einem „Schutzengel", der hier schützend oder helfend dem Bedrohten zur Seite gestanden sei. Auch unter der Vorstellung, daß es kein Engel, sondern ein wesenhafter Helfer gewesen sein mag: für die *Wirkung* des Geschehens tut das nichts zur Sache. Wesentlich ist die Gewißheit darüber, daß es Hilfen „von anderswoher" gibt, und wesentlicher noch, daß man sich diesen Hilfen verbindet, und dazu gehört auch die tief und blitzschnell aus dem Gemüt aufschießende Bitte um Hilfe – „Stoßgebet" ist der geläufige Begriff dafür.

Erlebte Gefahren und plötzliche, „wunderbare" Errettung daraus – das sind dramatische und für die menschliche Vorstellungskraft am ehesten glaubhafte Fallbeispiele dafür, daß wir Menschen niemals allein gelassen sind, und auch keineswegs „alle fort" sind, deren Unterstützung und Hilfe den darum Bittenden immer bereitsteht.

# »Liebe bleibt die goldne Leiter ...«

## Die verlorene Beziehung wiedergewinnen – aber wie?

### I. Vom Goldenen Zeitalter zum Sündenfall

Wenn heutzutage die Verbindung zu den Wesenhaften auch fast ganz in eine phantastische oder illusionäre oder esoterische oder märchenhafte Ecke des allgemeinen Bewußtseins gedrängt ist, so bleibt aus dem Blickwinkel der Auskünfte

durch die Gralsbotschaft und im Rückblick auf weit zurückliegende Erdepochen doch festzuhalten: Es muß, seit es Menschen auf dieser Erde gibt, auch eine Beziehung zwischen ihnen
und den Wesenhaften bestanden haben.

Die Wesenhaften als getreue „Mitarbeiter" bei der Formung
und Gestaltung der Welt, so auch dieser Erde, waren und sind
daher mit diesem Schöpfungsbereich auf das Innigste vertraut
und in ihm viel länger „zu Hause" als wir Menschen. Denn erst
nach Fertigstellung dieses „Hauses" traten die zu ihrer Entwicklung auf Erden inkarnierenden Menschengeister auf den
Plan. Sie kamen wie Gäste oder Reisende aus ihrer geistigen
Heimat in die irdische Welt, und für die frühen Generations-
ketten muß sie zunächst einmal fremd, eine „terra incognita",
gewesen sein.

Die Menschen waren auf die Unterstützung und Anleitung
durch die Wesenhaften in vieler Hinsicht angewiesen, nur durch
sie und ihr vermittelndes Wirken konnten sie lernen und erfahren, wie man in dieser Welt des Werdens und Vergehens zu-
rechtkommt. Sicher ein nicht immer leichter Lernprozeß.

Dennoch lag darin, daß sie über eine Kette geistiger Helfer
zu ihrem Herkunftsort in – vor dem Sündenfall – noch unge-
trübter Rückverbindung standen, ein starker Antrieb zur Le-
bendigerhaltung, Entfaltung und Reifung ihres geistigen Bewußtseins inmitten der erdenschweren Umgebung. Auch ihr
unmittelbarer Umgang mit den Wesenhaften half ihnen bei der
Umsetzung ihres geistigen Wollens in die irdische Tat. Vielleicht
sind es Erinnerungsspuren an diese Epoche idealen Zusammenklangs, die sich zu der in aller Welt anzutreffenden Vorstellung von einem „Goldenen Zeitalter" der Menschheit ver-
dichtet haben.[1] Die wechselseitige Beziehung zwischen den bei-

---

1 vgl.: „*Ephesus*", Verlag der Stiftung Gralsbotschaft, Stuttgart, 1984

> »Liebe bleibt die goldne Leiter,
> Darauf das Herz zum Himmel steigt.«
> **E. GEIBEL,** »Lieder als Intermezzo«

den Kreaturen, jenen aus dem „Ring des Wesenhaften"[2] und jenen aus dem Reich des Geistigen, gestaltete sich zum Nutzen
beider – der Menschen wie aber auch der Wesenhaften. Denn
mit den Menschen kam die andere Schöpfungsart des Geistigen
in das Irdische, erhöhte dessen Belebung und bewirkte auch
eine fördernde Stärkung des wesenhaften Wirkens.

So gesehen ist es gerechtfertigt, über die Beziehung zwischen den erdinkarnierten Menschengeistern und den Wesenhaften im großen Reich dessen, was wir als Natur verstehen und
was um uns ist, als einer „alten Liebe" zu sprechen – obwohl die
heutige Situation dieser Liebe kaum mehr Ähnlichkeiten mit jener des „Goldenen Zeitalters" hat. Und zwar deshalb nicht,
weil schon früh mit dem Sündenfall ein fataler Wendepunkt in
der geistesgeschichtlichen Entwicklung auf Erden eingetreten
ist und fortwirkend ein Hemmnis bildete. Ohne hier erklärend
weiter ausholen zu wollen, sollte dieses Geschehen unter Bezug
auf die Gralsbotschaft wenigstens im Umriß dargestellt werden:

Der Sündenfall, wie ihn die Bibel in eindringlichen Bildern
beschreibt und überliefert, ist ein Ereignis, das sich allerdings
*nicht* im „Paradies", also an dem Ort der für uns Menschengeister größtmöglichen Gottesnähe, ereignet haben kann. Denn dort
kann sich nur halten, was oder wer im völligen Einklang mit dem
Gotteswillen steht. Irgendein Fehlverhalten ist in dieser Höhe
undenkbar. Wo und wie geschah der Sündenfall aber dann?

---

2 s. Teil II im voranstehenden Kapitel

Aus dem biblischen Bericht geht eindeutig hervor, was auch die christlichen Kirchen so sehen, daß die Menschen „in Sünde fielen", indem sie *bewußt* und in Kenntnis der daraus folgenden Gefahr das Gottesgebot übertraten und sich kraft ihres freien Willens dem Gebot zuwider für das Essen vom „Baum der Erkenntnis" entschieden. Und das – im schlechten Glauben an die „Einflüsterungen" des Versuchers – mit der Erwartung, künftig „zu sein wie Gott". Ein solches Fehlverhalten und eine aufs Ende hin betrachtet so ungeheuerlich anmaßende Vorstellung dem Schöpfer gegenüber konnte sich in keinem Falle in den oberen, unvergänglichen Teilen der Schöpfung einnisten, sondern nur in der größeren Gottesferne der vergänglichen Schöpfungsteile, in den stofflichen Welten des Werdens und Vergehens, und auch dort vor allem in deren dichtestem Bereich – dem grobstofflich Irdischen.

## Der »gottgleiche« Mensch

Hier breitete sich nun das Gift menschlicher Selbstüberhebung aus, das natürlich nicht schlagartig, gleichzeitig und gleichmäßig alle inkarnierten Menschengeister ergriff, sich jedoch unter ihnen immer weiter verbreitete und in Generationen seine Wirkung steigerte. Die Folgen dieses Prozesses waren verheerend. Denn wo und bei wem der Anspruch, „zu sein wie Gott" sich breitmachte, löste er zwangsläufig das Streben nach einem entsprechenden Lebensstil aus; das heißt, es setzte das Streben nach Macht, Einfluß, Gewinn, Geltung, Besitz, Herrschaft usw. ein. Alles das zu erreichen, darauf richtete sich von Generation zu Generation mehr das Denken von immer mehr Menschen. Und so war es nur eine Frage der Zeit, daß sie auch entsprechende „Mittel zum Zweck" einsetzten: Übervorteilung, List, Gewalt, Brudermord, Kriege ... es erübrigt sich, die Liste fortzuführen.

Hatte der Versucher nicht recht gehabt? Die Menschen waren doch wirklich die Herren auf dieser Erde? Und dies nicht zuletzt deshalb, weil sie es verstanden, ihr Leben mit „Köpfchen" zu leben. Sie hatten „dank" der verbotenen Frucht erkannt, daß sie mit ihrem Intellekt, ihrer Denkfähigkeit, dem meisterlich geschaffenen und geschliffenen Gehirn allen anderen Kreaturen auf dieser Erde hoch überlegen sein konnten. Dieses im Leben an sich unabdingbar notwendige, körperlich kostbare Instrument ließ sich aber auch „klug"[3] für die Erkenntnis irdischer Vorteile und deren Nutzung schulen und wurde zum cleveren Assistenten für die sich gottähnlich Dünkenden. Von ihnen über die Generationen hin immer wieder unter derselben Zielvorstellung ganz besonders gepflegt, wuchs und vererbte sich folglich dieses Instrument immer glänzender und größer. Auch in seiner physischen Gestalt – „Großhirn" wird es treffend bezeichnet. Und mit welchen Folgen?

Sie waren katastrophal, stellten sich jedoch schleichend ein, auch graduell unterschiedlich, je nach dem Maße, in welchem die Menschen sich vom Prinzip des Versuchers hatten „infizieren" lassen, d. h. sich ihm aus freien Stücken anschlossen. Die hauptsächliche und schwerste Folge dabei war, daß die feinere Seite des Menschseins, die Verbindung zur Transzendenz, zu den wesenhaften und den geistigen Helfern nicht mehr wie zuvor in selbstverständlicher Art und Weise lebendig blieb und die führende Rolle spielte. Denn diese Rolle wurde jetzt von der Instanz „Verstand" mit dem Sitz im Groß- oder Vorderhirn beansprucht, um die Entschlüsse der Menschen zu regulieren – und die Impulse aus einer tieferen „Denkschicht", die mit Herz und Geist zu tun hat, zu dominieren. In dieser Konstellation liegt das *Erbe* aus der *Sünde* menschlicher Selbstüberhebung, die

---

3 *wie die Genesis, 1. Mose 3, sagt*

mit dem Akt bewußter Nicht-Achtung des Gottesgebotes, also mit der Trennung des Menschenwollens vom Gotteswillen, begonnen hatte.

## II. »Alte Liebe rostet nicht«

Das Erbe aus dem Sündenfall hängt auch und erst recht „dem Menschen von heute" an. Er ist davon wohl noch deutlicher betroffen als frühere Generationen.[4] Denn die Entwicklung ist inzwischen so weit vorgeschritten, daß das Großhirn schon körperlich vorgegeben die erste Geige spielt. Dadurch ist für große Teile der heutigen Generationen ein Bewußtsein und ein Denken, das sich fast nur noch innerhalb der Grenzen des physischen Kosmos und der materiellen Werte bewegt, zum eigentlichen Entscheidungsträger im Leben geworden. Dagegen bleibt das Bewußtsein, eine geistige Kreatur im gewaltigen Kosmos der Gottesschöpfung zu sein, im Kerker dieses Denkens nahezu ohnmächtig gefangen.

Es zu befreien und die Ketten des falschen Denkens zu sprengen, ist kein Leichtes. Zu tief sitzen und wirken die Wegspuren der kontinuierlichen Fehlentwicklung. Doch wo diese Spuren bewußt gesehen und erkannt werden, könnten gerade die Wesenhaften – sofern man sich auf sie und die „alte Liebe" besinnt – allein schon durch ihr Vorbild, ihre Anbindung an den Gotteswillen, eine star-

---

4 *Nicht ohne größere oder geringere eigene Schuld; denn in wiederholten Inkarnierungen waren und sind es zuletzt immer wieder wir selbst, die an der geistesgeschichtlichen Entwicklung in diesem oder jenem Sinne mitwirk(t)en, bis uns Welt- und Selbsterkenntnis zeigen, „wo es langgeht", um aus den Verstrickungen und Verhängnissen infolge von Sündenfall und Erbsünde herauszukommen.*

ke Hilfestellung geben und den anderen Weg weisen, dessen Ziel eine im wahrsten Sinne humane Welt ist. Human, wirklich „menschlich" insofern, als in einer solchen Welt das kreatürliche Bewußtsein vorherrschen würde, daß sich unser Leben eben nicht im Irdischen allein erfüllt, und daß es einen Schöpferwillen gibt, den zu erkennen und ihm aus freien Stücken zu folgen das innigste Anliegen der geistig bewußten Kreatur sein sollte.

Dabei hat die Menschheit, wenn auch meist uneingestanden, im Grunde immer gewußt oder wissen können, wie die Dinge liegen, und daß das Irdische, die materielle Existenz auf Erden zwischen Geburt und Tod, nicht das Ganze des Menschenlebens bedeuten kann. Es haben auch über alle Zeiten hin immer Menschen gelebt, die aufgrund ihrer geistigen Einstellung im geringeren Maße an die Wirkungen und Folgen der „Erbsünde" gebunden und fähig waren, Verbindung zu den höheren Schöpfungsbereichen zu suchen, zu erhalten und zu halten. Unter ihnen die Weisen und großen Künstler, die Propheten, die Künder und Gründer von Weltreligionen. Sie und in allererster Linie – durch seine Liebestat der Menschwerdung – der Gottessohn, haben beständig die Mittel und die Wege gewiesen, um die Erbsünde und ihre Schatten zu überwinden. In Verbindung damit hat das Wissen von und das Suchen nach der Beziehung zu einer feineren Schicht des Seins die Jahrtausende und Jahrhunderte im tiefsten Bewußtsein der Menschheit überlebt und dabei auch verhindert, daß die „alte Liebe" zwischen Menschen und Wesenhaften unter dem „Rost" des Unverständnisses und besserwisserischer Überheblichkeit völlig erstickte.

### Der »Rost« rationaler Weltsicht ...

Vom Altertum herauf, über das Mittelalter und bis ins 18. Jahrhundert hinein waren einige Zweige der alten Liebe noch lebendig, und hielten viele „Liebende" auf menschlicher

Seite an ihren Erlebnissen und an ihren Erfahrungen mit wesenhaften Helfern fest – und sei es insgeheim. Daher konnte auch die etablierte Gläubigkeit gegenüber bestimmten religiösen Vorgaben oder gegenüber dem Postulat gelehrten Fortschritts den Wissensspeicher des sogenannten Volksglaubens nicht löschen, der so manches Bedeutende über eine von Wesenheiten belebte Natur und Umwelt bewahrte. Dieser Wissensspeicher war den meisten Vertretern von Religion und Wissenschaft ein Dorn im Auge, doch konnte er sein Vorhandensein behaupten und dämmerte er wie eine schwer zu greifende Grauzone hinter den Dogmen und Formeln, dem Meß- und dem Beweisbaren.

Erst mit der Wirkung des durchgreifend rational und enzyklopädisch denkenden „Aufklärungs"-Zeitalters[5], als dem Intellekt auf breitester Basis ein Podest über dem Feld der Materie errichtet und das innere, empfindungsgelenkte Denken den „Weltfremden" und den „Weibern" überlassen wurde, war der Rosenbusch der alten Liebe ernstlich durch den „Rost"[6] allgemeiner Ignoranz gefährdet.

Glücklicherweise kehrten jedoch, kaum ein halbes Jahrhundert später, viele zu der alten Einsicht zurück, daß die Welt und das Sein des Menschen auf rationalem Wege allein nur unzulänglich zu erklären und zu verstehen ist. Infolgedessen traten der alte Volksglauben und die Märchen als ergänzende Lebensbeispiele einer erweiterten Weltsicht wieder mehr ins Be-

---

5 *„Das Zeitalter der Religion und Philosophie ist dem Zeitalter der Wissenschaften gewichen!" – mit diesem Satz leiteten Diderot und d'Alambert 1751 ein vielbändiges enzyklopädisches Werk sowie das „Zeitalter der Aufklärung" ein. Die hier angelegte Spur führte u. a. weiter zu Positivismus und Materialismus.*
6 *eine gefürchtete Blattkrankheit der Rosenstaude*

wußtsein der Menschen, und es erwachte – bevorschußt durch Herder und Goethe – der Sinn für ihre mythischen Züge und ihre symbolträchtigen Motive. Die Brüder Grimm begannen die schon erwähnten „Kinder- und Hausmärchen" zu sammeln. Doch lag ihnen nicht unbedingt an erster Stelle die „alte Liebe" am Herzen, sondern sie schätzten vor allem die den Märchen innewohnende Kraft der „Poesie". Daran knüpften einige Romantiker mit Nachdichtungen an. Sie übernahmen Märchenmotive und übertrugen sie auf eine mystisch-phantastisch überhöhte Erzählebene. Es entstanden dichterische Werke, deren Rang hier gar nicht zur Debatte steht[7], die aber zumindest mittelbar die ohnehin vorhandene Vorstellung stärkten, Märchen seien für die Phantasiewelt der Kinder gedacht und im übrigen *un-wahr*. Diese Ansicht setzte sich allgemein fest und untergrub die Glaubhaftigkeit der Märchen als Kronzeugen der „alten Liebe" mit Wirkung bis heute. Was sollten auch Elfen, Feen und Zwerge, die unwirkliche Phantasiewelt der Kinder, in der realen Menschenwelt des Fortschrittsglaubens an die Segnungen von Industrialisierung und Technisierung noch zu tun haben –?

Dennoch hat eine kulturtragende Minderheit – vielleicht, weil sie das Auf-und-Ab in der Wertschätzung der Märchen und Mythen skeptisch wahrgenommen und beobachtet hatte – dem alten Wissen „die Stange gehalten", bis mit dem Wechsel zum 20. Jahrhundert mythische Überlieferungen, vom Märchen bis zur Legende, aus dem Ghetto der Kinder- und Ahnen-Literatur herausgeholt und mit Respekt dem Bestand überlieferten Kulturgutes zugeordnet wurden. Ihre Inhalte, ihre Erzählweise, ihre Motive, ihre „über-natürliche Welt" wurden dokumentierend erfaßt, gesichtet, geordnet und bildeten für For-

---

7 *auch wurde dieses poetische Genre vom aufklärerisch-biedermeierlichen Realismus bald „ausgebremst".*

scher der verschiedensten geisteswissenschaftlichen Universitätsfächer ein weites Arbeitsfeld. Sie kamen teilweise zu Ergebnissen, die aufhorchen ließen und zum Verständnis mancher geistesgeschichtlichen Entwicklungen und Zusammenhänge beitragen konnten. Immer mehr Menschen begannen sich mit dem „Kulturgut Märchen und Mythen" nachdenklich prüfend auseinanderzusetzen.

Außerdem wuchs aus den aufstrebenden Natur- und anderen Wissenschaften ein Seitenzweig, die Parapsychologie, hervor, und ein neuartiges Forschen setzte ein: Was so vielseitig, eindringlich und vielgestaltig von den Wirkungen einer metaphysischen Welt und den in ihr lebenden Wesenheiten in die Geistesgeschichte der Menschheit eingedrungen war, das *mußte* doch mehr sein als Märchen und Phantasie? Die Rede oder die Vorstellung von intelligenten Kräften, die absichtsvoll lenkend in naturgegebene, in psychosomatische und sogar physikalische Prozesse eingreifen, kam auf, fand viele Anhänger und Nachfolger und setzte sich mit vielseitigen Forschungen und Bestätigungen bis in unsere Tage fort.

### … und der »Rost« des Okkulten

Ein anderer Weg im Umgang mit dem alten Wissen, das sich in den meisten Kulturen dieser Erde in Beispielen ziemlich gleicher Art finden und bestätigen ließ, führte über den, beziehungsweise zum Okkultismus. Dieser Weg rechtfertige sich anhand der Erkenntnisse und (oft geheimgehaltenen) Lehren großer Denker und Forscher bis zurück in die europäische Antike, ebenso aber auch durch alte Weisheiten aus anderen Kulturkreisen. Zudem verstand sich der okkulte Weg als bewußt kontrovers gegenüber der Enge und den Unzulänglichkeiten materialistischer oder religiöser Dogmatismen und neigte er sich teilweise auch mediumistischer Magie und Mystik zu. – Zu dem allen hinzu kamen diverse im 19. Jahrhundert entstandene weltanschauliche Richtungen, die ihre eigenen Vorstellungen von Wesenheiten, zum Beispiel in den vier Elementen, entwickelten und sich dabei auf Erlebnisberichte über Begegnungen mit Wesenheiten und „Intelligenzen" aus beziehungsweise in einer nicht-materiellen Welt stützten.

Es war also mit einem Male viel los rund um die „Geisterwelt", die ihren Ort irgendwo verborgen zwischen Natürlichem und Übersinnlichem zu haben schien. Mit Hilfe von Experimenten, Hypnose- und Medien-Sitzungen, Anrufungen und verwandten Methoden wurde versucht, den Dingen auf den Grund zu gehen. Viel Geheimes, „nach innen Gerichtetes" – so die Begriffsbedeutung von „Esoterik" – wurde in diesem Zusammenhang Eingeweihten und in Teilen einem interessierten Publikum vermittelt. Die Faszination, der Nimbus des Spirituellen, vor allem auch die geheimnisumhüllten Praktiken zu dessen Erforschung zogen viele Menschen an, die nach Lebenswahrheit, nach Wissen über die innersten Kräfte der Welt suchten sowie nach ihrem eigenen individuellen Erkenntnisweg. Andere näherten sich dem Spirituellen als Forscher der Metaphysik, sammelten, ordneten, sichteten und prüften Überliefertes oder Berichte von Zeitgenossen und mischten – je nach Gegebenheit – Selbsterlebtes dazu. Aus ihren Reihen traten seit den mittleren Jahrzehnten des vorigen Jahrhunderts Autoren auch mit Publikationen speziell über „Naturgeister" an eine breitere Öffentlichkeit.

## III. Wege und Umwege
### Beweise für die Wirklichkeit?

Es läßt sich so eindeutig nicht ent- und unterscheiden, ob die verschiedenen Bemühungen ums „Spirituelle" und ob die Protagonisten, die Verfechter der *Wirklichkeit* von „Natur- und Elementargeistern"[8] tatsächlich dazu haben beitragen können, daß der Rosenbusch der „alten Liebe" wieder wachsen und blühen kann – oder ob sie möglicherweise mit ihren Darstellungen eher einen hinderlichen Zaun darum errichtet haben, der auch den Zugang zu den Wesenhaften erschwert. Es wurde in diesem Zusammenhang manches gesagt, geschrieben und veröffentlicht, das einer differenzierenden Betrachtung wert ist. Glaubhafte, sogar überzeugende Darstellungen über Natur- oder Elementarwesen, ihr Aussehen, Leben und Wirken sind darin enthalten. Aber daneben stehen auch Aussagen, die sich einem logischen Verständnis von Gott, seiner Schöpfung und den in ihr tätigen Wesenheiten „quer" in den Weg stellen oder auch mißverständlich sind.

Der Grund dafür liegt oft schon im Ansatz. Denn offensichtlich war oder ist für viele Forscher der Metaphysik der eigentliche Ausgangspunkt das Bestreben, die „verborgenen Kräfte" aus ihrer Verborgenheit herauszuholen. Es geht ihnen darum zu *beweisen*, daß sie wirklich vorhanden sind, und daß es möglich ist, sie sichtbar zu machen (indem sie sich materialisieren). Dieser treibenden Tendenz folgend, werden Mittel und Wege

---

8 Angefangen bei Hans Driesch (1867–1941, „Philosophie des Organischen"), Gründer des Neovitalismus und der Parapsychologie. Es folgten Metaphysiker wie Eduard Bäzner mit „Die Naturgeister" (Drei Eichen Verlag, München, 1967²) oder Karl Spiesberger mit „Elementargeister – Naturgeister" (Verlag Hermann Bauer, Freiburg/Brsg., 1961) u. a.

eingesetzt beziehungsweise eingeschlagen, zu denen alte, über-lieferte Zauber- und magische Beschwörungssprüche gehören sowie Hellsichtig- und Hellhörigkeit. Häufig geschieht das über ein Medium. Wenn das Hellsehen nicht als Gabe natürlich vor-handen ist, wird es auch durch Einsatz von Trance, Meditation, Fasten und weitere Maßnahmen zu erreichen versucht. Solche Bestrebungen und Wege der Beweisführung ernüchtern sich vor der hier kurz zusammengefaßten Auskunft der Gralsbotschaft über das Sehen beziehungsweise Nicht-Sehen von Wesenhaften, und welche Gründe das hat:

Beide Schöpfungs-Arten – die Menschengeister wie die we-senhaften Kreaturen aus dem „Ring des Wesenhaften" – werden in die Stofflichkeiten der Nachschöpfung geboren (inkarniert), zum einen zu ihrer eigenen Entwicklung, zum anderen, um die ih-nen innewohnende geistige beziehungsweise wesenhafte „Le-benswärme" fördernd und stärkend in die stofflichen Welten des Werdens, Reifens und Vergehens einzubringen. Die Menschen, die aus dem höheren – im Verhältnis zum Ring des Wesenhaften – Gei-stigen kommen, brauchen eine Körperhülle der schweren, irdisch-grobstofflichen Art, um hier leben und erleben zu können, was ihre geistige Entwicklung fördert. Den Wesenhaften, die hier im Got-teswillen wirkend tätig werden, „genügt" dazu eine Körperhülle leichterer, feinerer Grobstofflichkeit. Es besteht also ein deutlicher Unterschied zwischen ihrer und unserer Körperlichkeit. Dieser Unterschied macht es aus, daß wir mit den Augen unseres Er-denkörpers die Wesenhaften nicht so ohne weiteres sehen können.

### Über das Sehen der Wesenhaften

Gleichwohl besteht die Möglichkeit, die Schwelle dieses Un-terschieds zu überwinden. Es hat über alle Zeiten Menschen „wie du und ich" gegeben (in einem zu vermutenden Goldenen

73

Zeitalter werden es sogar sehr viele gewesen sein), deren grobstofflich körperliches Augenlicht so klar war, daß es die im Irdischen wirkenden Wesenhaften als Bild aufnehmen konnte. Bisweilen war es solchen Menschen bei entsprechender Entwicklung auch gegeben, mit anderen als den irdischen Augen über die verschiedenen Schichten des Grobstofflichen höher hinaus- oder hinaufzuschauen bis ins Feinstoffliche – das heißt sie waren im besten Sinne hell-sichtig.

*Grundsätzlich* bestehen diese Möglichkeiten des Schauens heute noch wie damals. Und soweit es das „Sehen" mit den Augen des grobstofflichen Körpers betrifft, so kann durch anhaltend intensiven Umgang mit der Natur sowie ihre Beobachtung – wie das bei Naturvölkern oft eine Notwendigkeit des Überlebens ist – die Sehkraft derart geschärft und verfeinert werden, daß es den Menschen möglich wird, bestimmte Arten der kleinen Wesenhaften[9], ebenso aber auch Phantome und Dämonen zu sehen.

In Sagen, Märchen und Mythen kommt des öfteren das Motiv der Tarnkappe vor, die ihren Inhaber unsichtbar macht. Häufig sind es „Zwerge", die eine solche Tarnkappe besitzen. Der Ursprung dieses Motivs mag in der unregelmäßigen Sichtbarkeit der Wesenhaften liegen, also darin, daß die einen Menschen sie ab und an sehen konnten, und andere Menschen überhaupt nicht. Oft ist es auch so, daß in Notsituationen einem Menschen helfende Wesen spontan sichtbar werden. Dazu können Augenblicke starken inneren Erlebens führen, wodurch neben den psychischen auch die physischen Kräfte und die Sinnesorgane stärker angespannt, „wacher" und leistungsfähiger sind. So kann es geschehen, daß die Gefährdeten unvermittelt die wesenhaften Helfer zu erkennen vermögen.

---

9 s. Vortrag der Gralsbotschaft „Götter – Olymp – Walhall"

## KAISER MAX AUF DER MARTINSWAND

»Kaiser Maximilian liebte unter allen Jägereien die Gemsjagd am meisten und überstand dabei so viele Todesgefahren, daß daraus ein sonst unerhörtes Beispiel zu nehmen ist, wie das himmlische Engelgeleit einen frommen Fürsten zu schützen vermöge. In seiner Jugend kletterte Max einsmals den Gemsen auf der Martinswand (Anm.: nahe Innsbruck) also nach, daß er weder fürder noch zurücksteigen konnte. Wo er sich auch hinwendete, hatte der kühne Herr den Tod vor Augen. (...) Mit einem Seil ihm zu Hilfe zu kommen, verbot die Höhe des Ortes, einen Weg hinauf hätten alle Steinbrecher nicht in einem Monat zu Stande gebracht. Der Herr sah zwar seine Hofdiener in der Tiefe stehen und gehen, allein sie konnten ihm nicht helfen. Zwei Tage und Nächte hoffte er vergebens auf Rettung.

Endlich erkannte er, daß hier oben keine Hilfe vor dem Tode sei. (...) Indessen hatte sich die betrübte Zeitung von diesem Unfall weit verbreitet und überall wurde um die Rettung des allgeliebten Herrn gefleht.

Das Gebet blieb nicht ohne Frucht, denn am dritten Tage hörte der fromme Herr ein Geräusch in seiner Nähe, und als er nach selbiger Seite sich wendete, sah er einen Jüngling in Bauernkleidern daherkriechen und einen Weg im Felsen machen. Dieser bot ihm die Hand und sagte: ‚Seid getrost, gnädiger Herr! Gott lebt noch, der Euch retten kann und will. Folgt mir nur und fürchtet Euch nicht!‘ Also trat Maximilian seinem Führer nach und kam in kurzem auf einen Steig, der ihn wieder zu den Seinen brachte.

> *Mit welchen Freuden er von ihnen empfangen worden ist, läßt sich leicht erachten. Im Gedränge der Leute verlor sich sogleich der Führer, den man nirgends mehr finden konnte ...«*
>
> **Aus: »Sagen aus Tirol«, gesammelt und herausgegeben von Ignaz V. Zingerle, Innsbruck 1891**

Die Sage sieht in dem Retter des Fürsten einen „Engel", gleichwohl darf man sich die Erscheinung des „Jünglings in Bauernkleidern" durchaus als einen in der Region der Martinswand „ansässigen" Wesenhaften vorstellen. Er verbindet sich helfend dem unglücklichen Mann und handelt mit seinem Eingreifen ganz im Einklang mit dem Willen seines Herrn; denn er hilft dem Fürsten aus der Wand heraus und zum rettenden Steig zurück, weil – wie er Kaiser Max ausdrücklich erklärt – Gott „ihn retten kann und will". Der Fürst wird im normalen Alltag seines Lebens die Wesenhaften vermutlich nicht haben sehen können. Doch in dieser extremen Situation, nach zwei notvoll durchlebten Tagen und Nächten in der Gefahr, stieg mit Sicherheit in seinem Gemüt manche Bitte um Hilfe und manches Gebet empor. Diese innere Ausrichtung kann auch seine Sinnesorgane so weit sensibilisiert und geschärft haben, daß er seinen wesenhaften Retter sehen, und die in der Sage beschriebene Hilfe einsetzen konnte.

Und wie ist es mit unseren Mitgeschöpfen, den Tieren bestellt? Vermögen sie die Wesenhaften zu sehen? Die Seelen der Tiere haben ihren Ausgangspunkt in einer der tieferen Ebenen – ins Verhältnis gesetzt zu den zu Bewußtsein entwickelten Wesenhaften – im „Ring des Wesenhaften". Das heißt, die Tiere sind ebenfalls von wesenhafter Art, wenn auch nicht in dem Bewußtseinsgrad, wie er beispielsweise den Naturwesen eignet. Aber sie haben doch eine Art innere Verwandtschaft zu den im Irdischen wirkenden Wesenhaften. Daher können diese zu den Tieren leichter den „Blickkontakt" aufnehmen, obwohl auch die Tiere sie nicht beständig zu sehen vermögen.[10] Denn auch die Körper und somit die Sehorgane der Tiere sind ja von einer schwereren Stofflichkeit als die der Wesenhaften. Dennoch tun sich Tiere aufgrund ihrer wesensmäßigen Ursprungsnähe erheblich leichter als wir Menschen, die Wesenhaften zu erblicken.[11]

Deshalb nehmen die Wesenhaften gern den „Umweg" über ein den Menschen nahestehendes Tier, wenn sie Menschen erreichen wollen, die sie nicht wahrnehmen können. Etwa um vor einer herannahenden Gefahr zu warnen. Beispiele dafür, daß so „gelenkte" Tiere durch ihr Verhalten auf Gefahren aufmerksam machen, gibt es ungezählte. Die Medien bringen nicht selten Berichte von Rettungen. Oft wird etwa von einem geliebten Vierbeiner erzählt, der durch auffallendes Verhalten „seine(n) Menschen" vor einer drohenden Gefahr warnen und dadurch retten konnte. Man spricht dann gern erklärend vom „Instinkt der Tiere".

Die Liebe zum Tier, das bezeugen unter anderem solche Erlebnisberichte, ist auf jeden Fall auch eine tragende Brücke, über die der Verbindungsweg zum wesenhaften Wirken führt – herüber wie hinüber.

---

10 *Was – wie selbstverständlich auch für uns Menschen – als eine weise Einrichtung gesehen werden kann. Man braucht sich nur einmal auszumalen, wie unser irdisches Leben „aussehen" würde, wären uns all die vielen Wesenhaften immerzu sichtbar, die ja überall in reichlicher Zahl, in allen Arten und allen Größen tätig sind.*
11 *s. Vortrag der Gralsbotschaft „Instinkt der Tiere"*

»Wie ich schon in einem früheren Vortrage erklärte, kommt die Tierseele nicht aus dem Geistigen wie der Mensch, sondern aus dem Wesenhaften. Aus dem wesenhaften Teile der Schöpfung kommen auch die Elementarwesen: Gnomen, Elfen, Nixen usw., die ihr Wirken in dem Teile haben, den die Menschen durchweg Natur nennen, also Wasser, Luft, Erde, Feuer. Ebenso solche, die sich mit der Entwickelung und dem Wachsen der Steine, Pflanzen und anderem mehr beschäftigen. Diese alle sind aber aus einer anderen Abteilung des Wesenhaften als die Tierseelen. Doch ihre beiderseitige verwandtschaftliche Gleichart des Ursprunges bringt die größere gegenseitige Erkennungsmöglichkeit mit sich, so daß ein Tier diese wesenhaften Kreaturen unbedingt besser erkennen muß, als es der Mensch vermag, dessen Ursprung im Geistigen liegt.

Die Elementarwesen wissen nun genau, wo und wann eine Veränderung in der Natur erfolgt, wie Erdrutsche, Bergstürze, Umbrechen eines Baumes, Nachgeben des Erdbodens durch Unterwühlung des Wassers, Dammbrüche, Hervorbrechen des Wassers, Ausbrechen des Feuers aus der Erde, Sturmfluten, Erdbeben und was alles sonst noch dazu gehört, da sie selbst damit beschäftigt sind und diese Veränderungen, die von den Menschen Unglücksfälle und Katastrophen genannt werden, vorbereiten und herbeiführen.

Ist nun ein derartiger Vorgang unmittelbar zu erwarten, so kann es geschehen, daß ein daherkommendes Tier oder ein Mensch von diesen Elementarwesen gewarnt wird. Sie stellen sich ihm in den Weg und suchen durch Schreien und heftige Bewegungen oder auch durch plötzliche Gefühlseinwirkungen zur Umkehr zu veranlassen; das

*Tier erschrickt, sträubt die Haare und weigert sich energisch, weiterzugehen, ganz gegen seine sonstige Gewohnheit, so daß oft selbst das bestgezogene Tier seinem Herrn ausnahmsweise den Gehorsam versagt. Aus diesem Grunde das auffallende Benehmen des Tieres in solchen Fällen. Der Mensch aber sieht diese Elementarwesen nicht und geht dadurch oft in die Gefahr hinein, in der er umkommt oder schwer beschädigt wird.«*
**ABD-RU-SHIN, »Instinkt der Tiere«**

Übrigens haben es auch Kinder in ihren frühen Jahren leichter als wir „Großen", Wesenhafte zu sehen. Das hängt damit zusammen, daß die Erlebniswelt der kleinen Kinder noch sehr viel stärker im Natürlichen verwurzelt ist. Ihr kindliches Wesen läßt zwar schon erkennen, zu welcher Persönlichkeit sie sich einmal entwickeln werden. Ihre Erkenntnismöglichkeiten und Reaktionen ähneln jedoch in vieler Hinsicht dem Wesen und dem Verhalten der geliebten Haustiere. Die Lebensart der Kinder ist also den Wesenhaften vergleichbar nahe wie die der Tiere, und deshalb können manche Kinder, freilich deutlich bewußter als die Tiere, Naturwesen sehen. Und es entspringt keineswegs immer der „kindlichen Phantasie", wenn Kinder erzählen, sie würden am liebsten mit den kleinen, lustigen Wesen spielen, die ihnen da und dort begegnen. In reiferen Kinderjahren, auch unter dem Einfluß „aufgeklärter" Erwachsener, verlieren sich meist solche Erlebnisse oder die Kinder haben Scheu, davon zu sprechen.

Es kann auch vorkommen, daß Wesenhafte Kinder direkt in einer oder aus einer Gefahrensituation heraus retten können. Es gibt so spektakuläre Beispiele wie den Sturz eines spielenden

Kleinkindes aus dem dritten Stock eines Hauses, den das Kind ohne nennenswerte Verletzungen überlebte. Wesenhafte vermochten hier ihre „natürlichen" Kräfte einzusetzen, so daß der Fall des Körpers durch die Luft und sein Aufprall auf dem Boden entsprechend gebremst und abgefedert wurde. Nicht immer gehen solche oder vergleichbare Unglücksfälle so glücklich aus. Denn es ist den getreuen Dienern des Schöpfers auch nicht immer möglich, derart massiv eingreifen zu können, weil auch hier gilt, was der „Engel" dem Kaiser in der Martinswand sagte: Gott kann und will dich retten. Es müssen also bestimmte Voraussetzungen für das Eingreifen der wesenhaften Helfer gegeben sein. Sie können sowohl mit den Kindern (die ja aus zurückliegenden Inkarnierungen in ein selbstgewirktes „Schicksalsgewebe" eingebunden sind) als aber auch mit den Menschen in ihrer nächsten Umgebung zu tun haben.

Zurück zum Sehen der Wesenhaften: So wertvoll es sein kann, die Wesenhaften nicht nur empfinden, sondern sie auch sehen zu können, so wenig hängt jedoch eine nahe Verbindung und Beziehung zu ihnen davon ab, daß man sie sieht. Wer sich darum müht, das Verständnis seiner selbst und der Welt immer bedingungsloser am Gotteswillen auszurichten, ist zugleich auf dem Weg, die „alte Liebe" mit herzlicher Überzeugung wieder zu beleben. Und je weiter er dabei vorankommt, desto bewußter wird er sich denen verbinden, denen seine Liebe gilt. Und auch ohne sie „in Augenschein" nehmen zu können, kann seine Verbindung zu den Wesenhaften so innig sein wie bei jenen, die sie sehen. Der Unterschied liegt lediglich in der Art und der Form der „Kommunikation", der Verständigung. Jede Bitte und jeder Dank, kommt beides aus ehrlichem Herzen, wird sofort von den Wesenhaften aufgenommen – dafür braucht es nicht einmal Worte. Und auf dieser wortlosen „Schiene" spürt man auch selbst immer besser, was sie gutheißen oder wo sie den Kopf schütteln über unser Tun.

Wenn vorher festgestellt wurde, daß es *grundsätzlich* jedem möglich ist, Wesenhafte wie die Naturwesen, Gnome oder Baumelfen zum Beispiel, sehen zu können, so muß das in zwei Punkten ergänzt werden. Zum einen braucht es dafür eine gewisse Sensibilität – des Gemüts wie auch der Sinnesorgane –, und zum anderen ist das (umfassendere) Sehenkönnen der Wesenhaften auch eine *Gabe*. Zu beurteilen, warum der eine diese Gabe hat und der andere nicht, ist nicht Sache der Mitmenschen – tausendfältige Schicksalsbezüge können dafür der Grund sein. Es ist damit nicht viel anders als mit der Gabe, daß jemand herrlich singen, malen, kochen oder dichten kann. Deshalb können aber doch auch diejenigen, die diese Gabe nicht besitzen, gleichfalls Freude an der Musik, an der Mal- oder Kochkunst usw. haben. Ja, oft ist es sogar so, daß gerade sie mehr davon wissen und verstehen und mehr Liebe dazu haben als die Träger der Gabe. Sinngemäß auf das Thema Wesenhafte übertragen, heißt das: Für die eigene, persönliche Beziehung zu den Wesenhaften ist nicht die Gabe des Sehenkönnens das Wichtigste, sondern die Liebe und der unbeirrbare „Fleiß", der auf ihren Wegen eingesetzt wird.

Im Märchen gelingt das Überwinden der Hindernisse, die vor das Ziel gestellt sind, allen Märchenhelden, deren liebendes Herz über das Ziel und den Weg, es zu erreichen, vollkommen gewiß ist. Diesem Märchenbild entsprechen solche Menschen, die unbeirrt an ihrer Mühe und Anstrengung festhalten, um die Sprossen der „goldnen Leiter" ihrer Liebe zu erklimmen – *das* ist der eigentliche Garant für das Wiederherstellen einer lebendigen Beziehung zu den Wesenhaften. Das Sehenkönnen kann demgegenüber als „Option" oder als eine allerdings wertvolle – so sie entsprechend geschätzt und genützt wird – „Dreingabe" betrachtet werden.

### Hellsichtigkeit

Viele Menschen verstehen das Sehenkönnen der Wesenhaften als Hellsichtigkeit. Das ist richtig insofern, als der Vorgang des „Sehens" hier wie dort derselbe ist, und im Idealfall wären auch die Erfahrungen und das Wissen hier wie dort dieselben. Aber Hellsichtigkeit war immer schon ein *weites* Feld, und im Zuge spiritueller, esoterischer Bestrebungen ist sie das heute um so mehr – ein riesiger, nur erst ansatzweise erschlossener und daher verwirrender Komplex innerhalb des menschheitlichen Bewußtseins. Es gehören zu ihm gute, aber auch viele „schattige" und noch mehr unerforschte Bereiche. Man spricht von Hellsichtigkeit – aber ist es denn auch immer ein *helles* Sehen? Nämlich in dem Sinne, daß Sehende *klar* zu schauen vermögen, weil sie ein umfassendes Wissen haben von den im „Spirituellen" herrschenden Verhältnissen und weil sie den Zusammenhang überblicken, in dem das von ihnen Geschaute steht? Da melden sich Bedenken.

Nicht gegenüber der Hellsichtigkeit überhaupt – daß es sie gibt, sollte außer Zweifel und Skepsis stehen. Doch gegenüber den mit Hilfe dieses Phänomens ermittelten und zu Protokoll gegebenen „Erkenntnissen" darf eine gesunde Portion wacher Bereitschaft zum Prüfen walten.

Hellsichtigkeit (Hellhörigkeit), ob als Phänomen oder als Gabe verstanden, ist ja an sich wert-neutral. Im besten Sinne mediale Menschen gehen denn auch entsprechend damit um. Viel häufiger ist jedoch zu beobachten, daß sich um „Hellsichtige" der Nimbus der Besonderheit breitet (nicht zuletzt hervorgerufen durch ihre Klientel), meist in Verbindung mit dem Anspruch, geistig höher, weiter, reifer zu sein als andere und nicht-hellsehenkönnende Menschen. Doch für *diesen* Anspruch ist das Faktum der Hellsichtigkeit kein Garantieschein und kein Diplom.

In den der Erde noch ziemlich nahen Welten mittlerer und feiner Grobstofflichkeit – im allgemeinen ist dies das Feld der Hellsichtigkeit – gibt es außer helleren Regionen auch, als beklagenswerte „Hinterlassenschaft" aus dem Denken und Wollen der Kreatur Mensch entstandene, trübe und dunkle Regionen. Je nachdem, in welche dieser Regionen ein Hellsichtiger mit seinem Schauen hineinreichen kann, fällt auch aus, was er berichtet, und er kann nicht höher oder weiter schauen, als sein geistiges Ich verfaßt ist. Schon wegen dieses aus den Auskünften der Gralsbotschaft zum Thema zu erschließenden Hintergrundes zur Hellsichtigkeit ist ein differenziertes und differenzierendes Überdenken angeraten, was die Protokolle Hellsichtiger und ihre Darstellungen betrifft. Logik und Sachlichkeit unter dem Orientierungspunkt der Gesetzlichkeiten, wie sie alle Ebenen der Schöpfung „regieren", sind für dieses Überdenken die besten Instrumente.

Auch bei mediumistischen Berichten über Naturwesen und andere Gestalten „metaphysischer" Natur macht es Sinn, diese Meß-Instrumente einzusetzen. In Publikationen solcher Herkunft gibt es einerseits durchaus Überzeugendes zu finden. Vieles, was über Elfen, Gnomen, Luftwesen usw. aus mythischen Überlieferungen bis hin zu den Märchen bekannt ist, wird durch die relative Einheitlichkeit in den Aussagen der Berichte bestätigt – und umgekehrt. Daneben jedoch steht auch Unpassendes, Ungereimtes und Irritierendes. Ein Nährboden für Mißverständnisse und Widersprüchlichkeiten, und diese sind zugleich gefundene Argumente für alle überzeugten Skeptiker, um gegen das Hellsehen sowie die Existenz einer nichtirdischen Welt zu sprechen.

Um so wichtiger sind die klärenden Informationen durch die Gralsbotschaft, denen u. a. zu entnehmen ist: Die im allgemeinen für Hellsichtige erreichbare „spirituelle" Welt liegt dem Irdischen nahe, es ist die mittlere bis feine Grobstofflichkeit. Für diese Bereiche geöffnete Augen können die Wesenhaften erblicken. Doch es gibt hier zudem vielfältige „belebte" Formen, Erscheinungen und Gestalten, wie zum Beispiel Dämonen, Phantome, Furien[12]. Sie entstehen aus dem trüben Wollen der Menschen und sind in gar keinem Falle Wesenhafte als Geschöpfe Gottes. Ebensowenig wie die vielgestaltigen Gedankenformen dunkler (dem überwiegenden Menschendenken entsprechend), andernorts auch hellerer Art. Nicht zu reden von den Seelengestalten Abgeschiedener, die sich noch in den der Erde sehr nahen Bereichen aufhalten (müssen). Fehlt einem Schauenden das Wissen über den Bau der Gottes-Schöpfung sowie das darin vorhandene Leben, die Gesetze und Kraftströme, die es bestimmen und erhalten, dann wird es für ihn problematisch zu unterscheiden, mit *welchen* Formen und Arten er es in seiner Schau zu tun hat und mit welchen Zusammenhängen. Dadurch können sich u. U. in den Berichten Hellsichtiger die Bilder von Wesenhaften mit denen von Gedankenformen, Seelengestalten oder auch Dämonen u. ä. vermischen und zu Mißverständnissen wie auch zu Widersprüchlichkeiten führen.

> »*Ich wiederholte mehrfach, daß eine* Art *immer nur von der* gleichen Art *erkannt zu werden vermag. Mit diesen Arten sind natürlich Schöpfungsarten gemeint.*
> *Von unten nach oben betrachtet, gibt es die Art des* Grobstofflichen, *die Art des* Feinstofflichen, *die Art des* Wesenhaften *und die Art des* Geistigen. *Jede dieser*

---

12 s. Gralsbotschaft, Vorträge „Im Lande der Dämmerung", „Im Reiche der Dämonen und Phantome"

Arten zerfällt wiederum in viele Stufen, so daß leicht die Gefahr besteht, die Stufen der feinen Grobstofflichkeit schon mit den Stufen der groben Feinstofflichkeit zu verwechseln. Ganz unauffällig sind die Übergänge, welche in dem Wirken und Geschehen nicht etwa fest verbunden sind, sondern nur ineinandergreifen.

Auf jeder dieser Stufen zeigt sich andersartiges Leben. Der Mensch hat nun von jeder Schöpfungsart, die unter dem Geistigen steht, eine Hülle. Der Kern selbst ist geistig. Jede Hülle ist gleichbedeutend mit einem Körper. Der Mensch ist also ein geistiger Kern, der in der Entwicklung des Sich-bewußt-Werdens menschliche Form annimmt, die sich mit steigender Entwickelung dem Lichte zu immer mehr idealisiert bis zur vollendetsten Schönheit, bei einer Abwärtsentwicklung jedoch immer mehr das Gegenteil davon annimmt, bis zu den groteskesten Verunstaltungen. Um Irrtum hierbei auszuschalten, will ich besonders erwähnen, daß die grobstoffliche Hülle oder der Körper diese Entwickelung nicht mit durchmacht. Er hat nur geringe Zeit mitzuwirken und kann auf dem grobstofflichen Erdenplane nur ganz geringen Variationen unterworfen sein. Es kann also ein äußerlich schöner Erdenmensch innerlich schlecht sein und umgekehrt.

Der Mensch auf der Erde, also in der Grobstofflichkeit, trägt die Hüllen aller Schöpfungsarten gleichzeitig. Jede Hülle, also jeder Körper der verschiedenen Arten, hat auch seine Sinnesorgane ganz für sich. Die grobstofflichen Organe zum Beispiel können nur in der gleichen Art, also in der grobstofflichen Art tätig sein. Eine feinere Entwickelung darin gibt im günstigsten Falle die Mog-

*lichkeit, bis zu einem gewissen Grade der feineren Grobstofflichkeit schauen zu können.*

*Diese feinere Grobstofflichkeit wird von den sich damit beschäftigenden Menschen ‚astral' genannt, ein Begriff, der nicht einmal denen wirklich richtig bekannt ist, welche diese Bezeichnung aufstellten, noch viel weniger denen, die sie nachsprechen.*

*Ich wende diese Begriffsbenennung an, weil sie bereits bekannt ist. Allerdings gilt dieser Name wie bei okkultistischen Forschungen üblich nur als eine Art Sammelbegriff alles dessen, was man wohl als bestehend weiß und ahnt, aber doch noch nicht richtig begreifen, noch weniger begründen kann.*

*(…) Trotzdem will ich bei der vielgebrauchten Bezeichnung ‚astral' bleiben. Was die Menschen aber unter ‚astral' sehen und meinen, gehört noch nicht einmal zur Feinstofflichkeit, sondern lediglich zur feinen Grobstofflichkeit.*

*(…) Der Mensch muß also darauf achten, daß Grobstofflichkeit nur mit Grobstofflichkeit ‚erfaßt' werden kann, Feinstofflichkeit nur mit Feinstofflichkeit, Wesenhaftes nur mit Wesenhaftem und Geistiges nur mit Geistigem. Darin gibt es keine Vermischungen.*

*(…) Es gibt aber eins: Ein Erdenmensch kann mit dem grobstofflichen Auge schauen und während seines Erdenseins auch schon sein feinstoffliches Auge öffnen, wenigstens zeitweise. Das heißt, nicht etwa gleichzeitig, sondern nacheinander. Wenn er mit dem feinstofflichen Auge schaut, bleibt das grobstoffliche Auge entweder ganz oder teilweise ausgeschlossen, und umgekehrt. Er wird nie fähig sein, mit dem grobstofflichen Auge richtig Feinstoffliches*

zu schauen, ebensowenig wie mit dem feinstofflichen Auge Grobstoffliches. Das ist unmöglich.

Gegenteilige Behauptungen würden nur auf Irrtümern beruhen, die aus Unkenntnis der Schöpfungsgesetze entspringen. Es sind Täuschungen, denen solche Menschen erliegen, wenn sie behaupten, mit dem grobstofflichen Auge Feinstoffliches erkennen zu können oder mit dem feinstofflichen Auge Geistiges.

Wer dies alles richtig überlegt, sich klar vorzustellen versucht, wird erkennen, welches unbeschreibliche Durcheinander in dem Beurteilen des Hellsehens jetzt vorhanden sein muß (...)

Zur Beurteilung eines Hellsehens müßte als Grundlage bekannt sein, mit welchem Auge der Hellsehende jeweils schaut, in welches Gebiet also sein Schauen gehört, und wie weit er darin entwickelt ist. Erst dann können weitere Schlüsse gezogen werden. Dabei müßte der solche Untersuchungen Leitende selbst unbedingt ganz klar über die einzelnen Stufen der verschiedenen Arten unterrichtet sein, ebenso über die darin sich auslösende verschiedenartige Wirkung und Betätigung. Und daran krankt die heutige Zeit, in der gerade solche Menschen sich wissend dünken, die überhaupt nichts verstehen.«

**ABD-RU-SHIN, »Arten des Hellsehens«**

Der Wunsch vieler, die „Naturgeister" und andere Wesenheiten unbedingt sehen zu wollen, hat vermutlich seine Wurzeln auch gar nicht oder nur nebenher in der Liebe zu ihnen. Häufig ist die eigentliche Triebfeder für die „Forscher" ihr Ehrgeiz, die tatsächliche Existenz der Wesenhaften durch deren Sichtbarkeit bewiesen zu sehen. Daher scheuen sie auch keine ok-

kulten Mühen und Maßnahmen, mit deren Hilfe die „Geisterwelt" zur Materialisierung und dadurch zur Sichtbarkeit quasi
gezwungen werden soll. Vor dem Bauplan der Schöpfung, der in
seinen Grundzügen auch für die Nachschöpfung gilt und darin
die unterschiedlichsten, nach Art und „Materie" getrennten Ebenen zu einem von einheitlichen Gesetzen durchzogenen Ganzen
zusammenschließt, ist das ein ziemlich unergiebiges Bemühen.
Es erinnert von seinem gedanklichen und methodischen Ansatz
her an einen gar nicht so fern davon liegenden, anderen erkennt-
nistheoretischen Rößlsprung, der sich folgendermaßen in Worte kleidet: Es sei noch nie ein Toter zurückgekommen, um den
Beweis für ein Leben nach dem Tode zu überbringen …–

Um aus dem thematischen Kreis „Sehenkönnen der Wesenhaften" das Hauptsächlichste zusammenzufassen: Niemand
sollte sich davon bedrücken oder entmutigen lassen, wenn er
trotz aller Hinwendung zum wesenhaften Wirken „nichts"
sieht. Hilfreicher und wirksamer als alles andere für die Wie-
dergewinnung der „alten Liebe" ist das Erkennen – und natürlich vor allem das *Praktizieren* – ganz schlichter und einfacher
Mittel und Möglichkeiten, die jedermann offenstehen.

Und welche wären das?

## IV. Das Zauberwort »Fleiß«

Die Kölner Bürger in August Kopischs „Heinzelmännchen-
Sage" haben – allerdings auf ihre Weise, nämlich sozusa-
gen im Minuswert – die Antwort auf diese Frage schon längst
gegeben. Denn genau das, was den literarischen Kölnern *fehlte* und zum Verlust ihrer Beziehung zu den Heinzelmännchen
führte, genau das ergibt die wesentlichen Voraussetzungen für
eine tragende Beziehung zwischen Menschen und Wesenhaften.

In der im ersten Kapitel dieses Buches näher besprochenen Kölner Sage fehlte es den Menschen vor allem an folgendem:
• an bewußter *Liebe* zu den „Heinzelmännchen". Denn außer, daß sie deren Hilfe und Vorhandensein wahrnahmen,
• hatten sie offensichtlich nicht das geringste *Wissen* von Art und Wesen der Kleinen. Außerdem
• waren sie nicht *fleißig*, sondern sie legten sich auf die „faule Haut" und kosteten nichtstuend die Unterstützung ihrer Helfer aus. Also
• hatten sie auch keinerlei *Achtung* vor ihnen, und dazu paßt, daß sie
• auch niemals eine *Bitte* um Hilfe aussprachen, genausowenig wie ein Wort des *Dankes* – und sie zeigten alles in allem
• eine *Lebenseinstellung*, die grundsätzlich mit der dem Gotteswillen verbundenen „Lebensart" der Wesenhaften nicht vereinbar ist und daher eine echte Beziehung zu ihnen geradezu ausschließt.

Die „sagenhaften" Kölner hatten sich weder zur Liebe noch zum Wissen, nicht zum Fleiß, zur Achtung, zu Bitte und Dank gegenüber den Wesenhaften aufzuraffen vermocht, gar nicht zu reden von ihrer hemmenden Ichbezogenheit (*„legten sich aufs Ohr/und pflegten sich"*). Daher konnte es nicht ausbleiben, daß die Heinzelmännchen schließlich „alle fort" waren, und die Menschen nun „alles selbst" tun mußten. Doch brauchen wir Heutigen den Kölner Bürgern von einst gar nichts vorzurechnen. Denn die meisten von uns zeigen ja heute eine noch viel weiter gehende, man ist versucht zu sagen: verstockte Ignoranz allen „Heinzelmännchen" gegenüber. Es fehlt nicht nur am Wissen über ihre Art und ihr Wesen, es fehlt ganz allgemein schon bloß an der Bereitschaft, ihr Vorhandensein wenigstens einmal als „Denkübung" zu behandeln und über diese Möglichkeit ernsthafte Überlegungen anzustellen.

## Des Fleißes Lohn

Die „Kölner Fehlliste" kann unter verschiedenen Aspekten betrachtet werden, sie alle wären einleuchtend. Aber darüber hinaus steckt in der Liste auch ein ausgesprochenes Zauberwort im Blick auf die Beziehung zu den Wesenhaften, es lautet – *Fleiß*. Ein echtes, mächtiges Zauberwort, um auf der Suche nach ihnen alle verschlossenen Tore und geheimen Pfade sich auftun zu lassen und die „alte Liebe", das Dornröschen unserer Beziehung zu den Wesenhaften, wieder zum Leben zu erwecken. Denn wer von Herzen fleißig ist, der liebt und achtet andere Fleißige. Wenn er ihre Hilfe braucht, sagt er „bitte" und er nimmt die Hilfe wahr, ohne sich deswegen bequem „aufs Ohr" zu legen. Er sagt auch „danke" nach getaner Arbeit. Der Fleiß kann in allen Aufgaben unseres täglichen Lebens wohnen und er kann sich mit dem nicht müde werdenden Voran-Streben auf dem Weg zur notwendigen Selbst- und Welterkenntnis verbrüdern.

Diesem Weg ist der Fleiß, der aus dem Herzen und nicht aus dem Kalkül, der Berechnung, dem Vorteilsdenken kommt, geradezu eingepflanzt. *Ohne* diesen Fleiß wird der Weg nicht gefunden und kann man sich auf ihm nicht halten. Dieser Fleiß ist, wenn man so will, ein bürgerliches Abbild des „faustischen Strebens"[13]. Denn so, wie sich dem Doktor Faust wegen seines immerwährenden Strebens die Liebe und Hilfe „von oben" neigen konnte, so gewiß empfangen die unbeirrt Fleißigen den „Preis" ihrer Lebenshaltung durch die Zuwendung und Un-

---

[13] Faust muß Mephisto seinen Weg hinab folgen, sollte er je „ … zum Augenblicke sagen:/ Verweile doch! du bist so schön!" oder wenn er sich beruhigt „auf dem Faulbett der Zufriedenheit" (mit sich selbst!) niederläßt.

terstützung der Wesenhaften – in *allem,* was sie im Sinne des Gotteswillens tun. Das Märchen weiß von dem Zusammenhang zwischen Fleiß und Unterstützung: Alle guten Menschen, denen im Märchen auf irgendeine Weise geholfen wird, sind fleißig und leisten eine sinnvolle Arbeit, ob das der König ist, ein Hirt oder Schneewittchen, die für ihre Gastgeber den Haushalt führt und das Essen kocht.

Oft ist im Märchen (wie im Leben) die geforderte Arbeit oder Aufgabe von erschwerenden Umständen begleitet – es kommt darauf an, sie unter verstärkter Anstrengung dennoch zu leisten. Wer sich dazu durchringt, dem öffnen sich auch unerwartet verstärkte Hilfen, wie zum Beispiel in ihrer Not dem Aschenputtel „die Täubchen" und schließlich „alle Vöglein unter dem Himmel" zufliegen und ihr helfen, die verschütteten Linsen aus der Asche zu lesen. Natürlich ist das symbolisch zu nehmen. Es besagt: Wer die Unterstützung der Wesenhaften auf seiner Seite hat, kann erleben, daß ihm wie „die Vöglein unter dem Himmel" plötzlich Auswege, gute Ideen, rettende, helfende Möglichkeiten „zufliegen". Oft zu seinem eigenen Erstaunen gelingen dann Dinge, von denen er zuvor nie geglaubt hätte, daß er sie zuwege bringt. – Auch die Bösen im Märchen tun manche Arbeit. Doch entweder erledigen sie sie unwillig und widerstrebend als notwendiges Übel oder ihre Arbeit zeugt wiederum Böses. Unter der deutenden Berücksichtigung ihrer Bild- und Symbolhaftigkeit geht es in den Märchen tatsächlich zu „wie im wirklichen Leben" ...

Es leuchtet außerdem auf dem Weg der Selbst- und Welterkenntnis den Fleißigen ein weiteres starkes, erhellendes Licht: das ist ihre selbstverständliche, dem wirklichen Fleiß (nicht Aktionismus oder rafferische Emsigkeit!) verschwisterte Frömmigkeit. Die Frömmigkeit wohnt ihnen inne wie der Fleiß. Sie tragen sie freilich nicht in Gebetshaltung vor sich her, sondern sie bekennen beides, Fleiß wie Frömmigkeit, durch ihr Tun im täglichen Leben. *Das* sind die Menschen, denen die Wesenhaften sich gerne zuwenden, auch dann, wenn sie – wie Faust in seinem Streben – noch „irren" und längst nicht frei von Fehlern sind. Dagegen haben, wie es die Märchen auf einfachste und eindeutige Weise sagen, die Bösewichte, besser und richtiger gesagt: die *Gottlosen* keine Chance, von ihrer Seite her Unterstützung zu erfahren. Das ist eine einfache Schwarz-weiß-Rechnung, ein klares Entweder-Oder, an die sich die im Gotteswillen stehenden Wesenhaften unabdingbar halten, sie können gar nicht anders. Auch kann ein wirklich böser, ein gottlos lebender und handelnder Mensch Wesenhafte nicht zur Unterstützung zwingen, obwohl er, wie *jeder* Mensch, in einem gewissen Sinne Einfluß auf sie ausübt.

## Im »Dienst« des Menschenwollens?

Damit ist ein Punkt des großen Themas „Wesenhafte" berührt, der besondere Beachtung verdient, weil er in jedes Menschen Leben eine Rolle spielt. Die Gralsbotschaft gibt dazu eine Fülle neuer Informationen. Sie klären, was bislang im Ungewissen von Spekulation und Vermutung lag oder schlicht gar nicht beachtet oder bedacht wurde. In Kapitel 2 dieses Buches wurde bereits kurz dargestellt, wo im Schöpfungsganzen der Herkunftsort der Menschengeister und wo jener der wesenhaften Kreaturen „angesiedelt" ist. Zur Erinnerung:

Die Menschengeister gehen im keimhaften Bewußtsein vom unteren Saum des unvergänglichen geistigen Reiches aus, sinken von dort wie Keime in den „Acker" der darunter liegenden vergänglichen Welten von feiner bis zu schwerer – irdischer – Stofflichkeit, um sich dort im wachsenden Bewußtwerden zu geistig voll gereiften Persönlichkeiten zu entwickeln, und schließlich als solche wieder in die paradiesische, geistige Heimat zurückzukehren.

Einen vergleichbaren Entwicklungsweg durchlaufen jene kleinen Wesenhaften, die aus dem „Ring des Wesenhaften" in die stoffliche Welt der Nachschöpfung dringen, um hier im Tätigsein das keimhaft vorhandene wesenhafte Bewußtsein zur Reife zu entwickeln, geleitet und geführt von größeren Wesenhaften. Auf die Erde beziehungsweise in die Grobstofflichkeit „geboren", sind die Wesenhaften dabei verschiedenen Aufgaben verbunden – entsprechend verschiedene und viele Arten von Wesenhaften gibt es. Die einen haben ihr Wirkungsfeld in der Natur und allem, was dazugehört – sie wirken in Erde, Feuer, Wasser und Luft, sie widmen ihre Kraft den Pflanzen, Gesteinen und Tieren sowie übrigens auch unserem Erdenkörper.

Doch es gibt außerdem noch andere Wesenhafte, die mit ihren Aufgaben in erster Linie *dem Menschen* als geistiger Persönlichkeit verbunden sind. Unter ihnen solche, welche die Fäden unserer Entscheidungen, Gedanken, Empfindungen und Taten aufgreifen und ihnen Form geben. Auch hier unterscheiden sich die Arten der Wesenhaften mit ihrer Aufgabe, je nachdem, ob sie unseren Taten, Gedanken oder Empfindungen sich verbinden.

Da das formende Aufnehmen der Impulse aus den verschiedenen Sparten unseres Menschenwollens dem Schöpfungsauftrag dieser Wesenhaften entspricht, erfüllen sie diesen Auftrag ohne jedes Wenn und Aber – wie es ihrer Art als dem Gotteswillen verbundene Wesen entspricht. Das heißt, sie können nicht anders, als alles aufzunehmen und zu formen, was aus dem Wollen der Menschen hervorgeht, ohne Unterschied von gut oder übel, hell oder trüb. *Darin*, in dieser unabdingbaren Pflichterfüllung, von der sie ihrer wesenhaften Grundart entsprechend nicht abweichen können, liegt der „Einfluß", den wir Menschen auf diese Wesenhaften ausüben. Würden die Menschengeister ihren freien Willen am Gotteswillen ausrichten, wäre das Ganze kein Problem, weil dann durch die Wesenhaften im wesentlichen nur Gutes, Aufbauendes zu formen wäre. Da dem jedoch heutzutage ganz gewiß nicht so ist, „müssen" sie ihrer Aufgabe gemäß auch alles Üble und Böse wirken, das aus dem Menschenwollen in Abweichung vom Gotteswillen hervorgeht.

Es braucht nicht viel Phantasie, um sich auszumalen, wie diese Formenwelt beschaffen sein mag – äußerliche Belege dafür liefert jede Tageszeitung mit entsprechenden Berichten über Greuel und Untaten aller Grade. Wir Menschen haben demnach nicht nur die ungeheure Belastung und Verschmutzung der materiellen, irdischen Welt „auf dem Kerbholz" unseres Entwicklungsweges, wir müssen darüber hinaus davon ausgehen, daß unsere feinerstoffliche Umwelt im mindestens gleichen Umfang verschmutzt und verunstaltet ist. Ein Grund mehr, unser Denken, Wollen und Tun bewußt zu kontrollieren, damit die üblen Formen nicht restlos überhandnehmen und die „zuständigen" Wesenhaften Schöneres, Helleres aufzunehmen, zu formen und zu pflegen haben. Die Zusammenhänge erklärt die Gralsbotschaft (Zitat aus dem Vortrag „Die kleinen Wesenhaften") u. a. wie folgt:

> *»Wenn der Mensch empfindet, so werden die dabei entstehenden Fäden, welche wie kleine, der Erde entsprießende Saat erscheinen, von den kleinen Wesenhaften aufgenommen und gepflegt. Dabei hat, wie in der schweren Grobstofflichkeit, das Unkraut genau dieselbe sorgfältige Pflege wie die Edelsprossen. Sie entfalten sich und werden an der Grenze der feinen Grobstofflichkeit zum ersten Male verankert, um dann weitergehen zu können in die Hände andersartiger Wesenhafter, die sie durch die Feinstofflichkeit leiten. An deren*

Grenze wiederholt sich die Verankerung und Weiter-
leitung in das Wesenhafte, aus dem heraus sie dann das
Geistige erreichen, wo sie von wieder anderer Art Wesenhaften ihre Endverankerung erhalten.

So ist der Weg des guten Wollens, welches aufwärts
führt. Der Weg des üblen Wollens wird in der gleichen
Weise abwärts geleitet.

Bei jeder Grenzverankerung verlieren diese Fäden
eine bestimmte Artschicht, die sie zurücklassen, um in
die andere Art weitergehen zu können. Auch das geht
gesetzmäßig und den jeweiligen Arten der Ebenen genau entsprechend vor sich. Und alle diese Entwickelun-
gen unterstehen der Tätigkeit der Wesenhaften!

Da das Empfinden guten Wollens seinen Ursprung
in der Beweglichkeit des Geistes hat, werden dessen
Fäden auch in das Geistige getragen. Sie ziehen von
dort aus an der Seele, oder halten sie wenigstens, wenn
diese noch in der feinen Grobstofflichkeit manches zu
durchleben, abzulösen hat. Dadurch kann sie, wenn
viele solcher Fäden im Geistigen verankert sind, nicht
so schnell sinken und fallen wie eine Seele, die nur Fäden für die feine Grobstofflichkeit an sich trägt, weil sie
geistig auf der Erde träge war, sich nur an die Grobstofflichkeit gebunden hatte und deren Genüsse als allein erstrebenswert betrachtete.

Die Seele, die von den Fäden ihres Wollens gezogen
wird, sieht diese Fäden selbst ebensowenig wie der
Mensch hier auf Erden, da sie immer etwas feiner gear-
tet sind als die äußerste Hülle, in der sich die Seele jeweils noch bewegt. In dem Augenblicke aber, wo diese
Hülle durch Ableben im Erkennen die gleiche Feinheit
der dichtesten unter den noch bestehenden Fäden er-

reicht, und sie diese dadurch in der Gleichart der äuße-
ren Hülle sehen könnte, sind sie auch bereits abgefallen
als gelöst, so daß ein wirkliches Schauen solcher Fäden
von der mit ihnen verbundenen Seele niemals eintritt.–

So stehen diese kleinen Wesenhaften irdisch *gedacht*
im Dienst des Menschengeistes, weil sie nach der Art
des bewußten oder unbewußten Wollens der Menschen
ihre Ausführungen richten, und doch handeln sie in
Wirklichkeit nur nach dem Gotteswillen, dessen Gesetz
sie damit erfüllen!

Es liegt also lediglich eine scheinbare *Beeinflussung*
durch den Menschengeist in dieser Tätigkeit. Der Unterschied zeigt sich nur darin, von welcher Seite aus es
betrachtet wird.

Wenn ich bei den Vorträgen über die Wechselwirkung einst von Fäden sprach, die von Euch ausgehend
abgestoßen und angezogen werden, so sahet Ihr bisher
wohl nur ein Gewirr von Fäden bildhaft vor Euch. Es
war aber nicht anzunehmen, daß diese Fäden Würmern
gleich allein weiterlaufen würden, sondern sie müssen
durch Hände gehen, geführt werden, und diese Hände
gehören den darin wirkenden kleinen Wesenhaften, von
denen Ihr bisher noch nichts wissen konntet.

Nun aber stehet das Bild lebendig geworden vor
Euch. Stellt Euch vor, daß Ihr dauernd umgeben seid
von diesen Wesenhaften, die Euch beobachten, jeden Fa-
den sofort aufnehmen und dahin leiten, wohin er gehört.
Doch nicht nur das, sondern sie verankern ihn und pflegen ihn bis zum Aufgehen der Saat, ja bis zur Blüte und
zur Frucht, genau, wie in der schweren Grobstofflichkeit
hier von Wesenhaften alle Pflanzensamen aufgezogen
werden, bis Ihr dann die Früchte davon haben könnt.

*Es ist dasselbe Grundgesetz, dasselbe Wirken, nur
von anderen Arten der Wesenhaften ausgeführt, die,
wie wir irdisch sagen würden, Spezialisten darin sind.
Und so durchzieht das gleiche Weben, das gleiche Wirken, Saat, Aufgehen, Wachsen, Blühen und Früchte
bringend, unter der Aufsicht und Pflege der Wesenhaften für alles die ganze Schöpfung, gleichviel, was und
welcher Art es ist. Für jede Art ist auch das wesenhafte
Wirken da, und ohne das wesenhafte Wirken würde es
wiederum keine Arten geben.*

*So erstand aus dem Wirken der Wesenhaften heraus
unter dem Antriebe des niedrigen Wollens der Menschen in der Verankerung der daraus entstandenen Fäden auch die sogenannte Hölle. Die Fäden des schlechten Wollens kamen dort zur Verankerung, zum Wachsen, Blühen, und trugen zuletzt auch entsprechende
Früchte, die die Menschen entgegennehmen mußten,
welche die Saat zeugten.«*

Der letzte Absatz dieses Zitats weist auf die dunkelste Seite
der sogenannten spirituellen Welt hin. Diesem aus dem
„niedrigen Wollen des Menschen" hervorgegangenen Bereich
dürften auch die Hexen zugehören, die im überlieferten Volksglauben wie in den alten Märchen häufig vorkommen und deshalb kurz in die Betrachtungen mit einbezogen werden. Auch
Hexen oder Unholde[14] (es gibt sie weiblich wie männlich) sind
– insoweit man sie nicht als im Märchen personifizierte, „he-
xenmäßig" böse Menscheneigenschaften deuten will – Form

---

14 In der Bedeutung ihres wortgeschichtlichen Ursprungs sind Unholde Gestalten, die den Menschen „nicht geneigt, feindlich" sind. „Un-
hold" ist das ursprüngl. Wort für „Teufel" in den germ. Sprachen.

und Gestalt geworden aus trübem Menschenwollen, durch das sie auch erhalten und genährt werden. Dementsprechend zieht es sie (störend und schädigend) in die Menschennähe, mit Vorliebe dorthin, wo sie in irgendeiner Weise „einhaken" können, wo sie also etwas ihnen Gleichgeartetes „wittern". Dagegen werden und müssen sie fernbleiben, wo bei den Menschen Wesenhafte sich „heimisch" fühlen können. Denn an solchen Stätten regieren der Fleiß und mit ihm selbstverständlich gelebte, echte Frömmigkeit – das beste und wirksamste (pardon:) „Gift" gegen Hexen! Diese kleine thematische Abschweifung zeigt einmal mehr die unmittelbare Hilfe, die den Menschen durch die „alte Liebe" zu den Wesenhaften bereitsteht.

### Götterfunke »Freude«

*Wo man singt, da laß' dich ruhig nieder/böse Menschen haben keine Lieder*, lautet ein schöner, alter Wahrspruch – gleichzeitig ein lebendiger und wertvoller Wegweiser für die Verbindung mit den Wesenhaften!

Der Spruch hat mit ihnen unmittelbar zwar nichts zu tun, doch er charakterisiert eine menschliche Grundhaltung, die sehr wohl mit der Verbindung und der Liebe zu den Wesenhaften zusammenhängt: „Böse Menschen" sind ja eigentlich auch imstande zu singen – sie tun es aber nicht. Und warum nicht? Weil sie eben „keine Lieder" haben, d. h. Mangel an Liebe und einem frohen Herz, das „singen" kann, und es fehlt eine Antenne für die sensible Macht von Wort und Ton. Statt dessen bilden sie eine massive, trübe Gedankenwelt um sich herum aus und blockieren damit den Zugang für die Wesenhaften. „Lieder hat" nur, so meint es der Spruch, ein Mensch, der mit dem Herzen zu singen fähig ist – eine gewisse Lebensfreude ist dafür Voraussetzung. Solche Freude empfinden die Wesenhaften mit. Sie zieht sie buchstäblich herbei, weil sie in der Grundtonart der Schöpfung gestimmt ist und deshalb unmittelbar das „Ohr" der Wesen erreicht, die sich im Gotteswillen erfüllen. Hier liegt vielleicht auch des Rätsels Lösung offen, was die geheimnisvolle, unwiderstehliche Wirkung nicht nur des „Lieder-Habens", sondern der Musik schlechthin betrifft. Denn auch Musik und Freude haben viel miteinander zu tun.

Freude muß von allem Anfang an in der Welt gewesen sein. Unsere menschengeistigen, kreatürlichen Kräfte werden niemals ausreichen, um sich vorstellen zu können, wie es wohl war, was sich ereignete und welche Freude mit dem Schöpferwort „Es werde Licht!" sich in die entstehende Schöpfung hinein ausbreitete in Ton und Klang. Ein begnadeter Komponist, Joseph Haydn, schuf ein Musikwerk, mit dem er sich thematisch diesem gewaltigen Ereignis zuwendet – sein Oratorium „Die Schöpfung". Die Texte sind dem biblischen Schöpfungsbericht, der „Genesis", entnommen, so auch die Worte „Es werde Licht!" Haydn führt musikalisch auf diese Text-Passage voller Spannung und doch verhalten zu, bis der Chor – noch immer verhalten – das große Schöpferwort erzählend „nachspricht". Aber was dann mit dem Worte „Licht!" an Musik, an Harmonie und Klang losbricht, ist ein musikalisches Ereignis, das den Komponisten selbst beim Wiederhören seines Werkes immer wieder zutiefst gerührt und berührt hat, und das auch in der damaligen Kulturwelt Sensation machte. Denn es war Haydn „geglückt", im Gedanken an das zu beschreibende Ereignis Akkorde und Harmoniefolgen zu finden, wie sie vor ihm niemand komponiert hatte. In mitreißend aufklingender Freude scheinen die Töne und Klänge das schöpferische „Chaos" zu durchdringen und vorbereitend das Werdende zu begleiten.

Welch himmlisch-mächtiger Akkord der Freude muß erst mit dem tatsächlichen Schöpfungsereignis mitgeklungen haben!

Haydns Werk kann davon gewiß nur einen schwachen Hauch und Abglanz geben. Und doch hat er ebenso gewiß und mit sicherer Empfindung den Grundton der Freude getroffen: Der Schöpfer entließ den Impuls zu dem großen Schöpfungswerk aus seiner Vollkommenheit, und es entstand in Vollkommenheit. Freude gehört zur Vollkommenheit wie der Ton zur Musik.

In allem, was aus des Schöpfers Hand hervorging und von den Wesenhaften gebildet wurde, klingt demnach Freude mit. Wir Menschengeister auf der Erde können uns davon kaum die richtige Vorstellung machen, weil wir Freude anders erleben und weil wir uns vor allem unsere „menschliche" Freude immer wieder selbst trüben. Doch davon einmal abgesehen ist das Wort von der Freude als dem schönen „Götterfunken" ein sehr wahres Wort. Den Funken der Freude hat der Schöpfer seinem gesamten Schöpfungswerk mitgegeben.

Einen Abglanz dieses Schöpfungswerkes finden die auf Erden inkarnierten Menschengeister im großen Garten der Natur, überall auf dieser Erde, wenn und wo sie nicht durch Menschenhand und Menschenwollen verändert oder ihrem Wesen entfremdet wurde. Denn Natur ist gestaltet und geformt von wesenhaften „Baumeistern", und ihre Freude wohnt darin. Wo sich also Menschen dankbar mit der Natur verbinden, steht ein breiter Weg zu den Wesenhaften offen.

## »Mutter Natur«

Der Umgang mit ihr oder die Liebe zur Natur – wie man es nehmen will – bietet sich daher als „irdische" Möglichkeit der Verbindung zu den Wesenhaften geradezu an. Gemeint ist nicht der (schwärmerische) Genuß von Naturschönheit, auch nicht der (gedankenlose) Genuß ihrer „Produkte". Beides hat mit Freude und hat mit Fleiß schon gar nichts zu tun. Dabei sind es gerade diese zwei Voraussetzungen, die nicht nur die Wesenhaften als unsere „Partner" von uns erwarten, sondern auch die Natur selbst. Ohne Fleiß gibt sie nichts, und ohne Freude haben wir nichts davon.

Vom Fleiß als dem Zauberwort, um den Zugang zur „alten Liebe" zu erschließen, war schon die Rede. Und wenn es darum geht, dieses Zauberwort einzulösen, so haben – das darf behauptet werden – passionierte Gärtnerinnen und Gärtner ganz gewiß „die Nase" ein Stückchen weiter vorn als viele andere. Denn welchen Fleiß, welche Mühe, welche Zuwendung und Geduld kostet ein Garten – egal, welcher Größenordnung! Er kostet nicht nur Fleiß, er ist auch nur im tatsächlichen *Einklang* mit der Natur, in der wirklichen Partnerschaft mit ihr, so gut zu halten und zu gestalten, daß es in ihm, wie man gerne sagt, „zu weben und zu leben" scheint. Das zu erreichen, wünscht sich jeder, für den ein Garten eben mehr ist als ein gutes Stück Arbeit.

> »*Wer einen Tag glücklich sein will, der trinke! Wer eine Woche glücklich sein will, der schlachte ein Schwein! Wer ein Jahr glücklich sein will, heirate!* Wer immer glücklich sein will, der werde Gärtner!«  **Aus CHINA**

Dort, wo dieses Weben und Leben der wesenhaften Helfer geradezu wie mit Händen greifbar ist, mögen außer den Menschen mit dem „grünen Daumen" auch Gnomen, Elfen und andere ihre „Pflicht" tun, das Leben im Boden und über dem Boden nach ihrer Weise betreuend, indem sie den tausendfältigen Prozessen im Keimen, Wachsen, Fruchttragen und Vergehen den Zustrom aus der Kraft ihres Wesens lenkend vermitteln. Der Fleiß, den die Menschen aufwenden, schafft ihnen die Freude, die sie ihrerseits aufnehmen und in Zuwendung umsetzen – in Zuwendung gegenüber den Menschen und in Zuwendung gegenüber dem, was da grünt und blüht. In solchen Gärten herrscht der Ausgleich zwischen Geben und Nehmen, das Gleichgewicht zwischen Bitte, Erfüllung und Dank. Denn selbstverständlicher Fleiß ist die tätige, unausgesprochene Bitte um Segen für dieses Tun, und die Freude am wunderbaren Heranwachsen und Gedeihen *ist* Dank.

Die Moral aus dieser Garten-„Hymne", der eigentlich auch eine solche auf den Umgang mit Tieren und auf noch so manche andere „fleißpflichtige" Bereiche im Rahmen des Natürlichen folgen müßte, kann nur lauten: „Mutter Natur" ist immer noch die geschickteste Lehrmeisterin für alle, die Verbindung zum stillen Wirken der Wesenhaften suchen. Sie ist zudem eine großartige Pädagogin, denn ihre Gesetze sind so unbestechlich, wie sie variabel und mannigfaltig sind. Das haben lange her schon „vernünftige" Menschen erkannt und beschrieben sowie in der Praxis erlebt und bestätigt gefunden. So ist zu diesem Thema, über die Natur, ihre Regeln und „Möglichkeiten", eine reiche und nützliche Literatur vorhanden. Darunter Publikationen, die auch Erfahrungswerte und Erkenntnisse „aus alten Zeiten" überliefern, oft sind es wesenhafte Weisheiten, der Natur „abgelauscht". Viele Hinweise stehen zur Verfügung, die unnütze Arbeit oder auch Enttäuschungen sparen helfen. Darüber hinaus werden Einblicke in manche Facetten wesenhaften Wirkens berührt, die man so ohne weiteres nicht bedenkt oder berücksichtigt und die durch solche Hinweise in alter Erinnerung wieder aufleben. Zum Beispiel zu wissen, was der Rhythmus von Tag und Nacht für die Natur bedeutet und bewirkt, oder der Lauf von Sonne und Mond, oder wie die Regeln des Wetters sich auswirken und nicht zuletzt die Gesetzlichkeiten im Jahreskreislauf von Wachsen, Gedeihen, Reifen, Vergehen und neuem Werden.

„Natürlich" gehören zur Natur nicht nur die Gärten, der Landbau und der Umgang mit Tieren, Bereiche, wo sich der unmittelbare Erlebnis-Kontakt zu den Wesenhaften für viele fast von selbst anknüpft. Natur umfaßt ja noch unendlich mehr, „Natur" im weitesten Sinne ist ja eigentlich *alles* auf Erden, was nicht von Menschenhand kam, und schließlich auch der wunderbare „Kosmos" der Funktionen und Kreisläufe des Körpers, der unserem Ich ein Erdenleben lang „Wohnung" ist.

Sich diese Zusammenhänge bewußt zu machen, sich in Liebe, Respekt und Achtung mit alledem zu befassen, und zwar unter Einbezug der Vorstellung, daß auch hier wirklich überall und in allem Wesenhafte „am Werk" sind – das müßte demnach für die Gäste im Haus dieser Erde die Gastpflicht und die „Übungsaufgabe Nummer eins" bedeuten. Jedenfalls für jene, die nicht nur an sie denken, sondern die „alte Liebe" auch in die Tat umzusetzen bestrebt sind – zu ihrem eigenen Vorteil und Glück. Denn wirkliche Liebe ist nie einseitig: Geben und Nehmen sind ihr „Gesetz", und wer gibt, trägt auch herzlichen Gewinn davon.

> *»So im Kleinen ewig wie im Großen*
> *Wirkt Natur, wirkt Menschengeist, und beide*
> *Sind ein Abglanz jenes Urlichts droben,*
> *Das unsichtbar alle Welt erleuchtet.«*
> **J. W. v. GOETHE (Vorspiel zur Eröffnung**
> **des Weimarischen Theaters, 1807)**

### Der Drang ins Grüne

*E*inem Teilaspekt der Übungsaufgabe scheinen besonders viele Menschen bereits nachzukommen: das zeigt der unbändige Drang ins Grüne, der bei jeder sich bietenden Wochenend-, Urlaubs- und Feiertags-Gelegenheit die Stadt- und Streß-Flüchtigen ins Gebirge oder ans Meer oder eben überall dorthin treibt, wo es „schön" ist. Der Drang ist verständlich und im Ansatz gut und recht – der Mensch von heute braucht und sucht die Quellen der Erholung in der Natur und ist sich insofern auch ihres Wertes „wohl bewußt".

Doch es geht ein riesengroßes, bedrohliches „Aber" damit einher, weil der Drang ins Grüne ins Uferlose abgleitet, und seine touristische Kanalisierung zur Ausbeutung und Veruntreuung der Natur beiträgt. Die Quellen der Erholung drohen zu versiegen ohne notwendig zu erhoffende Einsichtigkeit und Selbstdisziplin. Zu diesem Problem weitere Worte zu verlieren, hieße Eulen nach Athen tragen, der Chor der mahnenden Stimmen ist inzwischen überlaut zu hören. Sie klagen mit Grund und zu Recht, doch wenn und wo überhaupt so etwas wie Einsicht keimt, ist meistens der Gedanke führend, dem Strom der Erholungsuchenden die Quellen offenhalten zu können. Damit wäre schon etwas erreicht. Aber wer denkt dabei an die Wesenhaften? Und daran, wie sie das Treiben und Verhalten der Gäste (nicht nur bei der Fahrt ins Grüne) in dem von ihnen geformten und gepflegten Haus der Natur betrüben muß? Immer knapper, immer seltener werden die Flecken auf dieser Erde, wo die belebten Kräfte der Natur *freudig* ihren Aufgaben nachkommen können.

Der Weg der Umkehr zu einem sinnvollen, von Liebe und Respekt getragenen Umgang mit der Natur (und uns selbst) ist nach Lage der Dinge noch lang und weit. Er wird außerdem *ohne* das Bewußtsein für die verlorene „alte Liebe" gar nicht zum Ziel führen können. Denn das ist nur Seite an Seite mit den Wesenhaften zu erreichen. Wie schön wäre es, wenn die unzähligen fabrikgefertigten Gartenzwerge nicht als (veräußerlichtes) Erinnerungszeichen, als „Gag" oder Sammler-Trophäen herumstünden, sondern wenn sie sich für ihre Besitzer zu Sinnbildern eines bedauerlichen, jedoch einholbaren Verlustes verwandeln würden. Dann nämlich würde das Volk der Gartenzwerge die Wege weisen helfen zu ihren wesenhaften Urbildern und deren vielen, vielen „Kollegen" und „Verwandten".

*»Es gibt viele Menschen, die zum Wissen vom Beste-*
*hen der sogenannten astralen Dinge gekommen sind. Aber*
*sie kennen weder deren tatsächlichen Zweck noch den wirk-*
*lichen Vorgang des Entstehens.*

*Die bisher von astralen Dingen Wissenden betrachteten al-*
*les wiederum nur von sich aus gesehen und deshalb als von der*
*schweren Grobstofflichkeit ausgehend erstanden. In den meisten*
*Fällen sehen sie darin* Abbilder *der schweren Grobstofflichkeit,*
*weil auch jede Pflanze, jeder Stein, überhaupt alles schwere*
*Grobstoffliche in der Astralwelt anscheinend sein Abbild hat.*

*Es sind dies aber nicht* Abbilder, *sondern* Vorbilder *der*
*Dinge in der schweren Grobstofflichkeit, ohne die sich in der*
*schweren Grobstofflichkeit überhaupt nichts formen würde*
*noch könnte! Darin liegt der Unterschied.*

*Man könnte dieses Feld der mittleren Grobstofflichkeit nach*
*irdischen Begriffen am besten die Werkstatt der Modelle nen-*
*nen. Wie ein Künstler vorher ein Modell formt, so ersteht der*
*sogenannte Astralkörper vor dem schweren Erdenkörper. Nun*
*ist in der Schöpfung nichts, was wie bei dem Erdenmenschen* nur
*einem derartigen Zwecke dienen würde, um dann zur Seite ge-*
*stellt zu werden, sondern alles, auch das anscheinend Geringste,*
*hat in der Schöpfung einen vielseitigen Notwendigkeitswert.*

*Jedes einzelne gehört im Wirken der Wesenhaften als not-*
*wendiges Stück zum Ganzen. Es wird auch einheitlich vom*
*Ganzen und mit dem Ganzen durchflutet und durchpulst.*

*So hat also jedes Stück auf der Erde, sogar die Erde selbst,*
*ein mitwirkendes Modell. Manche Sehendurfende*

nennen es den ‚Schatten‘, andere, wie schon gesagt, ‚Astralkörper‘. Es gibt dafür auch noch weitere weniger bekannte Bezeichnungen, die alle aber dasselbe benennen. Keine davon trifft jedoch das Richtige, weil es wieder von der falschen Seite aus betrachtet wurde, während von der Entstehung überhaupt kein Wissen vorhanden ist.

Es gibt nichts auf der Erde, was die kleinen Wesenhaften nicht schon vorher in der mittleren Grobstofflichkeit bereits und noch viel schöner, vollendeter geformt hätten!

Alles, was in der schweren Grobstofflichkeit geschieht, sogar die Fertigkeit der Handwerker, das Schaffen der Künstler usw. ist nur der schon vorausgegangenen Tätigkeit der kleinen Wesenhaften entnommen, die das und noch viel mehr bereits in der mittleren und feineren Grobstofflichkeit fertig haben. Es ist dies alles dort sogar noch weit formvollendeter, weil die Wesenhaften unmittelbar in den Gesetzen des Gotteswillens wirken, der vollkommen ist und deshalb auch nur Formvollendetes zum Ausdruck bringen kann.

Jede Erfindung, selbst die überraschendste, ist nur Entlehnung von bereits in anderen Ebenen durch die Wesenhaften betriebenen Dingen, deren noch sehr viele zum Schöpfen für die Menschen bereitstehen, um sie hier auf Erden in die schwere Grobstofflichkeit übertragen zu können.

Und doch ist trotz der für ernste, aber nur demutsvolle Sucher so leicht erreichbaren Vorbilder hier auf Erden durch den Verstand wieder viel verbogen worden, weil bei den dazu Begnadeten in den meisten Fällen die zu reinem Schöpfen erforderliche Demut fehlte, und außerdem die Erdbewohner in ihrem alles hemmenden Dünkel die Gottgesetze in der Schöpfung bisher nicht beachteten. Erst in

106

genauer Kenntnis derselben wird das Erfinden oder, richtiger ausgedrückt, das Finden in den anderen Ebenen und damit auch das richtige Übertragen in die schwere Grobstofflichkeit dieser Erde viel leichter und genauer werden als bisher, auch viel weitgehender.

Die Astralebene ist also nicht *ein Spiegel der Grobstofflichkeit!* Erstens besteht sie selbst noch aus Grobstofflichem, nur etwas feinerer Art als die Erde, und zweitens ist es außerdem auch umgekehrt: *die schwere, irdische Grobstofflichkeit ist die Wiedergabe der mittleren Grobstofflichkeit, der sogenannten Astralebene.*

Es gibt aber für die Astralebene zwei Wege und damit auch zwei große Grundabteilungen. Eine, die auf die schwere Grobstofflichkeit zuführt, und eine andere, die von dieser wieder abstrebt! Der darauf zustrebende Teil ist die notwendige Brücke zum Aufbau im Irdischen, der davon abstrebende Teil dagegen ist der geformte Ausdruck des Denkens und Handelns der Menschengeister, die sich auf der Erde in irdischem Kleide befinden. (…)

Es ist aber auch dieses alles von einem einzigen Gesetz durchzogen, das die kleinen Wesenhaften eifrig und getreu erfüllen, ohne davon abzuweichen. Vorbilder sind sie darin für die Menschengeister, die daran nur lernen können und auch lernen sollen, bis sie endlich Hand in Hand und ohne Überhebung mit den kleinen Baumeistern in dieser Schöpfung wirken, um in solcher Tat für volle Harmonie jubelnd die Weisheit und die Liebe ihres Schöpfers dankerfüllt zu preisen!«

**ABD-RU-SHIN, »In der grobstofflichen**
**Werkstatt der Wesenhaften«**

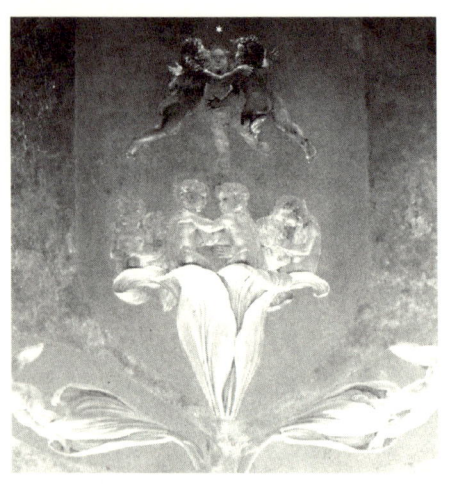

# »... heimliche Liebe, von der niemand nichts weiß«

## Die Beziehung im Alltag sichern und im Herzen bewahren

In den vorangegangenen Kapiteln dieses Buches wurde versucht, die Voraussetzungen für eine tragende Beziehung zwischen den Kreaturen Mensch und Wesen zu ermitteln und zu erklären. Denn das Gros der gegenwärtigen Generationen hat im Ergebnis der geistesgeschichtlichen Entwicklung zurückliegender Jahrhunderte diese Voraussetzungen – genauso wie die Beziehung selbst – längst aus den Augen verloren. Infolgedessen begreift eine breite Allgemeinheit die „alte Liebe" zwar als ein in vieler Hinsicht interessantes Erinnerungsstück aus irgendwann einmal gelebten Zeiten, jedoch ohne Wert und Nutzen für Menschen von heute, denen „Wichtigeres" ins Haus steht, die Sorgen haben, Katastrophen, Nöte, Krieg und Leiden erleben. Vordergründig wird es angesichts einer so verfaßten allgemeinen Meinung beinahe zum Wagnis, „im Klartext" von Naturwesen oder von Wesenhaften zu sprechen und die Beziehung zu ihnen mit der realen Wirklichkeit des Alltags in Verbindung zu setzen. Hinter diesem Vordergrund verborgen wartet jedoch das Wissen um ein vergessenes Kraftpotential darauf, daß es wieder als tatsächlich vorhanden erkannt und vor allen Dingen *bewußt* genutzt wird, gerade indem man es in die Realität des Alltags einbringt. Hat doch eben hier die Beziehung zu den Wesenhaften ihren angestammten Platz, ihre größte Wirkung und Bedeutung.

Kritische Gemüter werden einwenden wollen: „Wie denn – zipfelmützige Zwerge, tanzende Elfen und emsige Heinzelmännchen zwischen High Tech und Cyberspace, Weltraumstationen und Autobahn-Staus?! Das ist doch völlig aus der Zeit, romantischer Firlefanz oder esoterische Weltflucht." Sie haben nicht ganz unrecht, in doppelter Hinsicht: Erstens haben mit Klischees verbackene Vorstellungen vom wesenhaften Wirken in der heutigen, auf klare Informationen Anspruch erhebenden Welt in der Tat ausgedient. Es bedarf eines neuen Verständnisses. Zweitens werden die wesenhaften Helfer des Menschen zwangsläufig niemals als Realität akzeptiert oder verstanden werden können dort, wo der Bezug zu einer transzendenten Wirklichkeit modernem „life style" gewichen ist, und das Leben auf die materiellen, intellektuellen, virtuellen Räume beschränkt bleibt. Das hinwiederum verführt manche zur allgemeinen Klage über diese so „üble Welt", über „die" Technik, „die" Wissenschaft, „die" Computer, die an allem schuld seien und also auch daran, daß man heute – wie einst die Kölner Bürger – seufzen müsse „O weh, nun sind sie alle fort!"

109

Es war in diesem Buch schon oft genug von solchen Zusammenhängen die Rede, um hier in aller Kürze sagen zu dürfen: „schuld"
sind immer erst einmal wir selbst. Auch an allem, was viele – zu
Recht – im Innersten als störend und hemmend im gegenwärtigen
Lebensalltag empfinden.

Was da als störend und hemmend empfunden wird – der Verlust transzendenter Bezüge, genauer: des Bewußtseins kreatürlicher
Anbindung an den Gotteswillen – ist noch bei weitem mehr als das,
es ist auch noch zutiefst *unzeitgemäß*. Denn längst müßten andere, friedliche und förderliche Verhältnisse in unserer Menschenwelt
herrschen. Die heute darin als störend und hemmend empfundenen Gegebenheiten legen offen, daß die Entwicklung zur Reife
menschengeistigen Bewußtseins noch weit von dem Punkte ist, wo
sie schöpfungsbedingt stehen müßte. Das heißt, die Schere zwischen dem (vom Schöpfer) gesetzten Ziel der Gott-, Welt- und
Selbsterkenntnis, woraus paradiesesähnliche Verhältnisse auf dieser Erde hätten folgen können, und dem, was wir davon auf unseren Wegen bis heute „verwirklicht" haben, klafft bedrohlich weit
auseinander. Eines Tages kann uns die Vergänglichkeit einholen, der
auch die Erde und die sie umhüllenden feineren Stofflichkeiten unterworfen sind, und die Schere zufallen. Schlecht für den, der den
geistigen Aufschwung aus der vergänglichen Welt versäumte.

Denn wer vom Geiste ist, muß zum Geistigen zurück. Das beste Hilfsmittel, um auf diesem Wege einerseits mit beiden Beinen
im Leben stehen und andererseits den notwendigen *geistigen* Gewinn daraus ziehen zu können, ist die „goldne Leiter" der Liebe
zum Leben, zum Nächsten, zum Schöpfer … Einen nicht geringen Teil dieser Liebe bildet die Beziehung zum wesenhaften Wirken, die ohne das Bewußtsein von Gott, seiner Schöpfung und unserer Kreatürlichkeit gar nicht zustande käme und keinen Bestand
haben kann. Das ist der Schlüssel, der einst schon, aber auch heute noch, im gegenwärtigen Alltag unseres Menschenlebens, die Tür

zur „alten Liebe" öffnet. Wie das konkret mit den gegenwärtigen Verhältnissen des Lebensalltags in Verbindung gebracht werden kann, und daß eine solche Liebe in der Stille der Selbstbesinnung blüht und nicht im Acker öffentlichen Interesses, das sind für dieses abschließende Kapitel die thematischen Elemente. – Vorausgeschickt seien ein paar ruckblickende und ergänzende Anmerkungen zu den Partnern dieser Liebe – den Wesenhaften.

„Nichts ist ohne Form", heißt es in einem Vortrag der Gralsbotschaft[1] über die wesenhaften Kräfte. Und deren Form ist, wie die unsere, die Menschengestalt (s. Kap. 2). Es ist wichtig zu wissen, daß andere Formen, wie zum Beispiel die von manchen „Hellsichtigen" geschauten Mischformen – halb Mensch, halb Tier wie die Kentauren, Schimären usw., Tiere mit meist häßlichen Menschengesichtern oder Menschen mit Tierköpfen u. ä. – *keine* Wesenhaften sind.[2] Solche Formen gehen auf unklares beziehungsweise getrübtes Wollen (Neid, Haß, Machtgier, Triebhaftigkeit u. ä.) von Menschen zurück, das, wie schon früher erklärt, in der mittleren bis feinen Grobstofflichkeit durch Wesenhafte aufgenommen und der Art seines Ursprungs gemäß von ihnen geformt werden „muß".

---

1 Vortrag: „ *In der grobstofflichen Werkstatt der Wesenhaften*"
2 *Nixen (auch der Nöck) werden häufig statt mit Beinen mit einem Fischleib abgebildet und nicht selten auch so gesehen. Es ist jedoch keine wirkliche Mischform – Nixe und Nöck haben Menschengestalt. Da sie aber mit ihrem Element vertraut sind „wie der Fisch im Wasser", zeigen sie mitunter entsprechende Attribute zum Zeichen ihrer Art.- Auch die Feuerwesen (Salamander) haben Menschengestalt, jedoch wie aus dem bewegten Element Feuer hervorgehend, flammenförmig. Ebenso entsprechen die Gestalten der Luftwesen den flüchtigen Bewegungen ihres Elementes, bisweilen mit dem Attribut vogelähnlicher Schwingen. Elfen, deren Auftrag unbeeinflußbar nur im Gotteswillen sich erfüllt, sind immer von vollendet schöner Gestalt in zartester Form.*

111

Die in den Stofflichkeiten der Nachschöpfung (unser Heimatplanet Erde inbegriffen) wirkenden Kreaturen aus dem „Ring des Wesenhaften" haben jedenfalls Menschengestalt[3] der unterschiedlichsten Größen. Sie alle, die Großen wie die Kleinen und die Kleinsten, erfüllen getreulich an ihrem Platz ihre Aufgaben. Die Großen unter ihnen sind mächtige, starke Energieträger (zum Beispiel als Hüter der Berge oder von Strömen und Gewässern), denen die kleineren Wesenhaften derselben Art mit ihren Aufgaben „in die Hand arbeiten", ebenso die kleinsten von ihnen. Dabei sind selbst die Kleinsten noch in ihrem Wirken für das Ganze so wichtig wie die Großen.

Während ihre *Gestalt* also einheitlich „menschlich" ist, gibt es um so mehr unterschiedliche *Arten* von Wesenhaften, keineswegs nur in der Natur beziehungsweise bei den Elementen, sondern auch in unserer nächsten Nähe. Alle die kaum vorstellbar vielen Arten unterscheiden sich durch ihr Wirkungsfeld, und sie alle zu erfassen und zu beschreiben, würde nicht nur das Volumen eines Taschenbuches sprengen, sondern wohl auch die Systematik eines umfänglichen Nachschlagewerkes oder einer Enzyklopädie. Nicht allein der enormen Vielfalt wegen. Darüber hinaus wäre bei der Beschreibung der unterschiedlichen Arten und Wirkungsfelder ja auch noch zu berücksichtigen, daß sie alle nicht vereinzelt, nicht für sich allein stehen. Vielmehr sind sie sinnvoll miteinander verbunden und vernetzt, beziehen sich aufeinander, durchdringen und ergänzen sich.

Das daraus sich ergebende mehrschichtige Bild des Zusammenwirkens ist mittels enzyklopädisch linearer Auflistung überhaupt nicht darstellbar und auch nicht zu verstehen. Doch hält die Gralsbotschaft eine für das Erfassen der Zusammenhänge sehr hilf-

---

3 *sowohl männlich wie weiblich. Männliche Wesenhafte haben mit festeren Materialien zu tun, wie z. B. die Erdmännlein/Gnomen. Die zarten Blumenelfen sind weiblich, die „derberen" Baumelfen männlich usf.*

reiche Aufforderung beziehungsweise Methode bereit. Sie emp-
fiehlt nämlich dem Leser, bei der Suche nach umfassender Auskunft zu einem bestimmten Thema, hier über Wesenhafte und ihr
Wirken, so vorzugehen wie bei einem Zusammensetz- oder Puzzle-Spiel. Bei diesem kommt es darauf an, eine größere Zahl un-
terschiedlicher Teilchen, die aus einem geschlossenen Bild heraus-
gestanzt wurden, wieder zu dem großen, ganzen Bild zusammen-
zufügen. Geradeso können alle zum Thema „Wesenhafte" pas-
senden Bildteilchen (= Aussagen aus den Vorträgen der Gralsbotschaft) sorgsam gesammelt und womöglich gleich vorbereitend
nach ihrer erkennbaren Zugehörigkeit zu einem ganz bestimmten
„Bild"-Teil sortiert werden. Dann ist es die Aufgabe, die Teilchen
wie beim Puzzle-Spiel mit Scharfblick und Bedacht darauf, daß die
einzelnen Teile nach Ausschnitt, Farbe und Format richtig anein-
ander und zueinander passen, zusammenzusetzen. Schließlich ergibt sich ein großes, vielschichtig lebendiges Gesamtbild wesenhaften Wirkens. Wer die Liebe zu den Wesenhaften wiederent-
deckt hat, dem wird ein solches „Zusammensetz-Spiel" – genau
wie bei den beliebten, oft sehr anspruchsvollen Puzzle-Bildern –
neben Mühe und Zeitaufwand auch viel Freude bereiten.

Zu den Puzzle-Teilchen aus dem Gesamtbild „Wesenhafte"
gehören nicht zuletzt die Auskünfte über die vielen, unterschiedlichen Arten wesenhaften Wirkens im wunderbaren Gehäuse dieser Welt. Einige davon waren Gegenstand der Betrachtung in diesem Buch, und zwar in einer Auswahl, die sich auf den uns am nächsten gelegenen „Bildteil" beschränkte, nämlich auf die Naturwesen
sowie auf jene Wesenhafte, die den stimmungsmäßigen Ausdruck
(hell, trüb, neidisch, liebevoll ...) unseres Denkens, Empfindens
und Handelns bildhaft aufnehmen und in entsprechender Form gestalten. Sie sind solcherart eng mit uns verbunden und „dokumentieren" oder verankern das Wirkungsgeflecht unseres Erdenlebens
in transzendenten Bereichen (s. Kapitel 3, Teil 4). Durch das Wir-

113

ken dieser Wesenhaften erhält die „alte Liebe" eine bedeutungsvolle Beziehung zu unserer Verantwortung als menschengeistige Geschöpfe und damit zu unserem geistigen Weg überhaupt.

Von einer weiteren, ebenfalls aufs engste mit uns verbundenen Art von Wesenhaften wurde bisher nur beiläufig gesprochen, sie werden im allgemeinen auch mehr oder weniger mit den Naturwesen in eins gesetzt. Doch erzählen die alten Überlieferungen vom Märchen bis zur Sage außer von Naturwesen sehr wohl auch noch von anderen kleinen Wesen, die den Menschen in ihrer Alltagswelt, an ihren Wohn- und Arbeitsstätten begegnen und sie unterstützen – wie Spezialisten für die Menschenwelt. Allerdings werden sie in den mythischen Quellen nicht ausdrücklich von den Naturwesen unterschieden. Nun ist wesenhaftes Wirken nicht aufs „Prinzip" festgelegt, sondern lebendig, und die verschiedenen Arten können sich in ihren Aufgaben und Pflichten durchaus berühren oder miteinander verbinden. Zum Beispiel sind Schneewittchens „sieben Zwerge", gemessen an ihren Tätigkeiten, der Erde verbundene Naturwesen, die „im Bergwerk Gold graben"[4]. Unabhängig davon geben sie jedoch ohne weiteres diesem Menschenkind, das sich in seiner Not „über die Berge" zu ihnen flüchtet, ihre Hilfe und Liebe.

Andererseits wissen die Märchen und besonders der Volksglaube durchaus die Bereiche wesenhaften Wirkens zu unterscheiden, indem sie die speziell den Menschen zugewandten Wesenhaften „Hausgeister" nennen. Damit ist klargelegt, daß es nicht nur in den Bereichen und Elementen der Natur tätige Wesen gibt, sondern auch im „Haus" der Menschen. Und so, wie „Naturwesen" ein zusammenfassender Begriff ist, so ist auch der überliefer-

---

[4] *so die Urfassung der Brüder Grimm; spätere Ausgaben haben: „[sie] gingen in die Berge und suchten Erz und Gold". Doch die Wesenhaften wissen, wo die Erzadern laufen, sie graben (bildhaft) sie höchstens zur Nutzung frei.*

te Begriff „Hausgeister*(wesen)*" ein Sammelbegriff. Zu ihm zählen alle kleinen Wesenheiten, die sich den Menschen und ihrem Tagewerk verbinden. Auch solche „Männlein", „Wichtel" und „Heinzelmännchen", die ihren Wirkungsort gar nicht oder nicht nur im Haus, sondern beispielsweise im Stall, im Garten und vor allem in den Werkstätten haben, wo sie für bestimmte Handwerkszweige geradezu als Meister ihres Fachs beschrieben werden (wie zum Beispiel in der Sage von den Kölner Heinzelmännchen).

„Handwerk hat goldenen Boden" – sagte man früher. Mit ihrer Hände Arbeit schaffte sich „das Volk", das Bürgertum, eine breit angelegte Existenzgrundlage. Heute ist das erheblich anders. Wohl gibt es noch etliche Handwerkszweige, doch in welchem Verhältnis zur Gesellschaft? Manche von ihnen wandelten sich zeitangepaßt zu hochspezialisierten Berufen, andere erhielten sich ziemlich original. Doch sind die Zukunftsaussichten des Handwerks, sein wirtschaftliches und gesellschaftliches Ansehen ganz allgemein nicht mehr „golden" wie ehedem. Zu vieles hat sich seither grundlegend verändert, vor allem dies: das einstige *Hand*-Werk ist größtenteils zum Werk der Maschinen geworden. Automation und Technik haben die tüchtigen Hände „lahmgelegt", durch die einst Herz und Verstand gleichermaßen an der zu leistenden Arbeit teilhaben konnten. Heute dagegen wird die Arbeit fast nur noch vom Kopf aus „bewegt", Regie führt der Intellekt – oder der Stumpfsinn der Automation.

Für viele Menschen hat *diese* Regie starke Blockaden gegenüber jenen Zusammenhängen ausgelöst, die über das Irdische hinaus ins „Spirituelle", ins Transzendente hineinreichen. Sie liefen dadurch Gefahr, innerlich auszutrocknen und ihr Leben fast nur noch mechanistisch aufzufassen und abzuwickeln, gestartet und gestoppt durch Geburt und Tod. Glücklicherweise sind wir solchen Blockaden und ihrer Wirkung nicht wehrlos ausgesetzt. Denn zum einen haben wir (als Menschheit) die Blockaden selbst herbeigeführt und müßten daher Mittel und Wege finden können, sie wieder aufzulösen; und zum zweiten ist noch immer „jeder seines Glückes Schmied", kann also für sich selbst entscheiden, ob er in der Blockade steckenbleiben oder sie im Bewußtsein der eigenen inneren, geistigen Energie aufbrechen will.

Niemand wird ihm dabei lieber helfen wollen als die Schar der kleinen Wesenhaften.

Ihr Schöpfungsauftrag ist ja kein „veraltetes Modell", kein Relikt aus märchenhafter Vergangenheit. Er ist so alt und so neu wie die Schöpfung selbst – und die Kreatur Mensch. Es wäre doch seltsam, wenn sie, deren Auftrag im verbindenden und vermittelnden Beleben, Fördern und Unterstützen liegt, in diesem Sinne nicht auch heute noch im Arbeitsleben der Menschen „dabei" sein sollten … die entsprechende innere Einstellung auf der Menschenseite vorausgesetzt. Zumindest in *diesem* Punkte besteht keinerlei Unterschied zwischen gestern und heute.

Doch wie können heute, in dieser der Natur so entfremdeten, automatisierten, mechanisierten und „digitalisierten" Lebens- und Arbeitswelt Wesenhafte überhaupt noch uns nahe sein und ihrem Wesen gemäß wirken? Sich das vorzustellen, fällt vielen Menschen schwer. Verständlicherweise. Denn un-natürliche, lebens-, liebe- und menschenfeindliche (inhumane) Erscheinungen im modernen Alltag lassen sich nicht wegdebattieren. Unübersehbar bilden sie eine Gefahr für die „alte Liebe", sie *muß* rosten, wo solche Verhältnisse auf Dauer überwiegen. Mehr noch: Wenn jemals solche bedenklichen Erscheinungen diese Erde total, unumkehrbar „im Griff" hätten, dann stünde es tödlich schlecht – nein, *nicht* um die Wesenhaften (ihr „Auftraggeber" würde sie in solchem Falle ihres Auftrags entbinden), sehr wohl aber um uns Menschen. Denn wir müßten dann mit dem selbst herbeigeführten „Ende aller Dinge", mit dem Ende unserer geistigen Existenz schlechthin rechnen. Nur solange der Christusgeist (in seiner *schöpfungsweiten* d.h. Konfessionen übergreifenden Wirkung und Bedeutung) noch Menschen dazu beflügelt, die „goldne Leiter" emporklimmen zu wollen, können wesenhafte Kräfte Menschen dieses Wollens auf ihren Wegen aus der Vergänglichkeit und in ihrem Streben zum Unvergänglichen unterstützen.

Was jedoch die Vorstellung betrifft, Wesenhafte hätten in der heutigen Arbeitswelt keinen Raum mehr, so muß man sehen, daß das keineswegs oder doch nicht in erster Linie an den Methoden, den Maschinen usw. liegt. Wieder einmal sind *wir selbst* es, die durch Mißbrauch sich bietender technischer Möglichkeiten und durch die Sucht nach immer mehr materiellem Zuwachs, der alles andere Denken in den Schatten stellt, eine geisttötende Atmosphäre schaffen. *Dadurch* wird zwangsläufig den Wesenhaften der Zugang zu unserem Leben verschüttet, sie werden – von uns – ausgesperrt. Und das ist noch nicht einmal neu. Hat es doch auch in den „goldenen" Handwerkszeiten, als Hand, Herz und Verstand noch einigermaßen ausgewogen dem Arbeitsprozeß eingebunden waren, gleichklingende (schlechte) Lebensbeispiele gegeben, wie Geschichte und Überlieferung bestätigen. „Neu" oder anders im Vergleich zu einst ist jedoch, daß die kleinen Helfer und Vermittler im modernen „Haus" der Menschenwelt fast schon zur Gänze ausgesperrt sind. Dennoch sind sie da, und es kann nur Segen bringen, ihrem Wirken in unserem Bewußtsein – gerade auch in den Dingen des Alltags – die Tür wieder zu öffnen.

Auch „vordem" waren ja die kleinen Wesenhaften bei Hammer, Hobel und Zirkel, am Mühlrad und am Webstuhl, an der Esse des Schmieds, bei den Bergknappen unter Tage, am Tisch des Schneiders, und in welchen Handwerkszweigen noch den arbeitenden Menschen verbunden und bei den damaligen Geräten und Arbeitsprozessen mit „dabei". Gewiß sehr viel weiter verbreitet als in den heutigen Werks- und Fabrikhallen mit den heutigen Geräten von der Fertigungsmaschine bis zum PC. Aber nicht, weil die Werkstätten und Geräte vordem simpler und die Arbeitsmethoden „natürlicher" waren, sondern weil vielen der tätigen Menschen noch die „alte Liebe" im Herzen wohnte. Im Umkehrschluß ließe sich also fragen: Warum sollten die kleinen Helfer dort, wo sie Verbindung zu Menschen „guten Wollens" haben, nicht auch zur modernen Arbeitswelt Zugang finden und „Einsicht" in moderne Geräte und Techniken haben können?

Vielen Menschen bereitet diese Vorstellung Schwierigkeiten. Vielleicht deshalb, weil sie sich das Helfen der „Unsichtbaren" – wie einst die Bürger zu Köln – immer noch so denken, daß sie handfest *grobstoffliche* Arbeit (auf wunderbare Weise, meist ungesehen) leisten könnten oder würden. Daß sie also wunschgemäß den Garten umgraben, am PC schreiben, das Laufband regulieren, Versuchsanordnungen zu Ende führen, den Sonntagsbraten vor dem Verbrennen retten, den Abwasch erledigen usw., usw. Doch eben *so* helfen sie nicht, und so „handgreiflich" haben sie auch noch *nie* geholfen. Auch wenn es ihnen unter bestimmten Bedingungen möglich ist, ihre wesenhaften Kräfte in einen grobstofflichen Ablauf einzubringen und ihn im Rahmen des naturgesetzlich Möglichen je nach Notwendigkeit zu verstärken, zu bremsen oder ihm eine andere Richtung zu geben. Das kann zu so verblüffenden Ergebnissen führen, daß es denen, die es erleben, so vorkommt, als hätten hier „Zauberkräfte" geradezu Wunderbares bewirkt – die Märchen erzählen häufig in dieser Tonart.

Dennoch, *direkt* in die schwere Grobstofflichkeit unserer Erdenwelt eingreifen können Wesenhafte schon deshalb nicht, weil das durch ihre feinere und leichtere Körperlichkeit ausgeschlossen ist. Außerdem ist es ja auch nicht ihre Aufgabe, Arbeiten der Menschen an deren Stelle zu übernehmen resp. durchzuführen. Ihr Auftrag lautet vielmehr dahingehend, daß sie unserem grobstofflichen Tun wirkungsvolle Hilfe zuführen, indem sie es mit den in der Schöpfung wirkenden Grundregeln oder Gesetzen verknüpfen und uns für das richtige Erfassen und Umsetzen dieser Regeln „auf die Sprünge helfen". Allen gelungenen, gültigen Leistungen der Menschheit liegt durch Vermittlung der Wesenhaften dieser Einklang menschengeistigen Tuns und Wollens mit den schöpfungsgegebenen Gesetzlichkeiten zugrunde, ist doch die Kenntnis dieser Gesetzlichkeiten den im Gotteswillen stehenden Kreaturen quasi an- oder eingeboren.

Je stärker also die Verbindung eines Menschen zu den Wesenhaften ist, um so größere Übereinstimmung mit den Gottesgesetzen kann er durch ihre Vermittlung, ihr Vorbild auch, erreichen, und um so wertvoller, „stimmiger" kann das Werk von Menschenhand gelingen. Dasselbe gilt für die einfachsten Tätigkeiten des Alltags. Wesenhafte Hilfe verbindet sich mit unserem Fleiß und setzt dann beim Arbeits-*Prozeß* an, beim jeweils charakteristischen *Ablauf* einer bestimmten Arbeit.

Und das wiederum hat sehr viel mit dem an diesem Vorgang beteiligten Menschen zu tun, weniger damit, *welche* Arbeit er gerade zu leisten hat. Angenommen, jemand arbeitet als Maschinist. Als solcher weiß er, daß Maschinen nicht immer gleich und bisweilen unerwartet gut laufen können. Technische Geräte wie eine Maschine, ein Motor, sind – sonst gäbe es sie nicht – unter konsequenter Anwendung von Naturgesetzen entworfen beziehungsweise konstruiert worden; denn Konstruktions- oder mathematische Formeln bringen ja nur ein bestimmtes Naturgesetz „auf den (spezifischen) Punkt". Sie sind so gesehen irdische Ausläufer oder irdische Versionen übergreifender Schöpfungsgesetze und also die Domäne der Wesenhaften. Demgemäß wird ihre Vermittlung auch im Beispiel „Maschine" dort ansetzen, wo diese Gesetze sich am stärksten auf den Gang, die Funktion der Maschine auswirken, und sie tun das, sobald der mit der Maschine umgehende *Mensch* innerlich diese Hilfe zuläßt. „Ich habe ihr ja auch gut zugeredet", ist häufig die Erklärung des mit der Maschine umgehenden Menschen, wenn

119

diese wider Erwarten gut läuft. So simpel das klingen mag: es liegt darin nicht nur der Ausdruck des Fleißes, der Zuwendung zur Arbeit, in dem „guten Zureden" steckt auch eine indirekte Bitte. Das genügt, um die Kanäle für helfenden Zufluß aus dem wesenhaften Bereich zu öffnen. Sie setzt vielleicht mittels eines Impulses ein, der den erfahrenen Maschinisten Schwachpunkte in der Funktion der Maschine im rechten Moment erkennen und ihn so eingreifen läßt, daß es zum auffallend reibungslosen Gang der Maschine kommt …

Alle Beispiele „hinken", doch in der Schlußfolgerung geht es darum, daß immer die *persönliche* Verbindung Mensch/Wesenhafte den Ausschlag gibt, damit eine Hilfe einsetzen kann, und dies um so stärker, je bewußter die Verbindung geknüpft wird. Dies zu tun, ist in so gut wie jeder Situation und auch an jedem Arbeitsplatz möglich. Entscheidend ist immer die innere Einstellung. Das müssen wir uns lauter und klarer denn je ins Bewußtsein rufen, weil wir gerade in Verbindung mit technischen Möglichkeiten einen Balanceakt auf immer schmaler werdendem Grat erleben, der „Fluch" von „Segen" trennt. Dieser Grat war einstmals gewiß breiter und in vieler Hinsicht sicherer zu begehen. Im Grunde jedoch war er immer da, und die Wendung nach hier oder dort war immer in den freien Entscheid des Menschengeistes gestellt. Wir werden also auch heute nicht „von außen" – schuld ist *die* Technik, *die* Mechanisierung, *die* Industrie … usw. – auf den schmalen Grat zwischen Fluch und Segen gedrängt, sondern die Ursache ist immer und immer wieder nur bei uns selber zu suchen (beziehungsweise zu finden). Wir selbst haben den Grat immer schmaler werden lassen und haben aus dieser Einsicht heraus gar keinen Grund, über die so oder so oder so verfaßte Menschenwelt zu klagen.

Jedoch bestehen sehr viele Gründe, etwas zu tun, um diese Menschenwelt auch wieder menschenwürdig, „human" werden zu lassen. Das Bewußtsein von der „alten Liebe" zu den Wesenhaften wieder zu gewinnen, heißt schon viel getan. Über die

„goldne Leiter der Liebe" mit Zähigkeit hinaufzuklettern beginnen, ist ein weiteres, wertvolles Tun. Und das beste Stärkungsmittel zum Durchhalten bei allem Tun ist einfach die Zu- und Hinwendung zu denen, um die es in diesem Buch geht: zu den Wesenhaften. Dafür braucht es keine vielen und schon gar keine großen Worte. Es ist mitunter ein wortlos aufzuckender Gedanke, still und „innendrin" – ohne Publikum, ohne Bedacht auf Applaus oder Pfiffe. Es verhält sich damit wie bei der *„heimlichen Liebe"*, von der ein altes Volkslied zu singen weiß:

> *»Kein Feuer, keine Kohle kann brennen so heiß*
> *Als heimliche Liebe, von der niemand nichts weiß.«*
> *(Volkslied um 1790)*

Bemerkenswerterweise haben auch alle mir bis heute persönlich bekannt gewordenen Menschen, denen die Liebe zu den Wesenhaften im Herzen lebte und die in enger Verbindung zu ihnen standen, nicht viel darüber geredet. Nicht, daß sie Bedenken wegen etwaiger spöttelnder Abwehr oder verächtlicher Ignoranz ihrer Mitmenschen gehabt hätten. Sie sparten nur deshalb ihre Worte, weil sie es so für angebracht hielten und die „Partnerschaft" als ihr Erleben auffaßten, ganz persönlich auf sie zugeschnitten. Die Wesenhaften, so schienen diese Menschen durch ihr Verhalten signalisieren zu wollen, wissen ohnehin, wo oder bei wem die „heimliche Liebe" brennt. Sie verbinden[5] sich diesen einzelnen Menschen, angepaßt ihrer Persönlichkeit sowie deren augenblicklicher Verfaßtheit und Situation. Geht das „die Welt" etwas an?

---

5 *die Zuwendung der kleinen Wesenhaften ist „persönlich" ausgerichtet, also in ihrer Zielrichtung von ganz anderer Art als übergreifende Kündungen, Schauungen oder gar Offenbarungen, die einem berufenen Menschengeist zuteil werden und aller Menschheit gelten.*

Vielleicht geht die Zurückhaltung gegenüber dem Forum der Öffentlichkeit deshalb gern mit der „alten Liebe" Hand in Hand, weil sie auch für das Wirken der Wesenhaften selbst „typisch" ist. Sie sehen es nicht so gern, wenn Menschen ihre Erlebnisse oder Erfahrungen mit ihnen beständig vor aller Welt ausbreiten – allzu leicht mischen sich menschliche Eitelkeiten dazu, ein Geltenwollen und Sich-fortgeschrittener-Fühlen gegenüber anderen.

Außerdem bestätigt sich die auf das persönliche Erleben zurückgezogene Stille noch von einer anderen Seite her betrachtet als ein Elixier der „alten Liebe" – und zwar im Blick darauf, daß das wesenhafte Wirken dem Gotteswillen verbunden und daher dem stillen Weben der Gotteskraft in der Schöpfung in mancher Hinsicht mit Recht verglichen werden darf. Die Gralsbotschaft (Vortrag „Das Weib der Nachschöpfung") spricht von dem „*stille*[n] *Weben jener unsichtbaren Kraft, welche der Schöpfer durch das Weltall gehen läßt*" und ergänzt, daß, obwohl „*die lebendige Kraft des Schöpfers allen Menschen unsichtbar verbleibt*", doch sie es ist, die „*das ganze Weltall hält, ernährt, bewegt und treibt.*" Die Analogie zum Wirken wesenhafter Kräfte, die uns allgemein unsichtbar verbleiben und dennoch entscheidend in unserem Leben und dessen irdischem Umfeld wirken, liegt auf der Hand.

Möglicherweise wissen die Wesenhaften auch nur zu gut, daß viele Menschenworte nicht unbedingt ebensoviel Sinn und Wert transportieren, und daß etwas Schönes zerredet, durch nach außen gerichtetes Darüberreden kaputtgemacht werden kann. Um so mehr freuen sie sich über jeden Menschen, der die Liebe zu ihnen „heimlich", jedoch lebendig „brennend" in sich trägt und bewahrt. Diese Heimlichkeit hat nichts Okkultes an sich, sie hat nicht Schloß noch Riegel und ist offen zugänglich *für jeden.*

Aber wie soll denn „jeder" davon erfahren, wenn doch Schweigen als der beste „Herold der Freude" angesagt ist? Kann man oder soll man also darüber reden oder nicht? Natürlich

„soll" man – nur nicht unter Preisgabe jener Erfahrungen und jenes persönlichen Erlebens, die allein im eigenen Herzen zu „verbuchen" sind. *Diese* Erfahrungen sind erst dann mitteilbar, wenn sie zu einem Destillat von Wert für die Allgemeinheit geläutert werden konnten. In jedem Falle mitteilbar ist jedoch das Faktum, das *Ereignis* der Beziehung, und daß vergleichbare Erfahrungen allen Menschen möglich sind – ob sie dabei nun die Wesenhaften sehen können oder nicht. Die „alte Liebe" ist eine in die Schöpfung eingewobene Hilfe. *Davon* zu sprechen, diese Hilfsmöglichkeit zu erklären und, wenn es paßt, auch durch objektiv und sachlich gehaltene Erlebnisberichte allen zu veranschaulichen, die nichts oder nicht mehr davon wissen, ist fast schon ein Akt der Nächstenliebe. Und ganz sicher auch den Wesenhaften recht – sie „warten" ja im gewissen Sinne darauf, daß die Kreatur Mensch sich wieder auf sie besinnt.

Freude und Dank sind die ersten und leichtesten Übungen, um mit den „heimlichen" Partnern der „heimlichen" Liebe in Verbindung zu kommen und sich auszutauschen. Man lernt es bald, sich in allen Dingen mit innerlichen Worten an sie zu wenden. Dabei ist es unwichtig, welche Arbeit einen gerade beschäftigt – der innere Dialog kann immer und überall im stillen mitlaufen. Der Tag bietet tausendfältige Gelegenheit dazu, im Beruf, im Privat- beziehungsweise Familienleben, für alt oder jung, für Gesunde oder durch Krankheit Eingeschränkte (gerade ihnen können Wesenhafte, die ärztlichen Bemühungen stärkend und unterstützend, zur Seite stehen). Das Wissen, daß wesenhaftes Wirken in allem mit dabei ist, legt es nahe, sich auch in allem bewußt innerlich auf sie einzustellen. Es kann Wunder wirken! Denn mit diesem Sich-Einstellen – anders ausgedrückt ist es eine Bitte – erreicht die Wesenhaften ein direkter „Anruf", den sie aufnehmen können.

Weil gerade von Krankheit die Rede war: Hier liegt ein weiteres, bedeutendes Betätigungsfeld wesenhafter Kräfte im unmittelbaren Umgang mit uns. Es ist ein Wirken, das sicherlich auf enger Zusammenarbeit mit geistigen Helfern beruht, also mit Menschenseelen, die sich, meist aus karmabedingten Gründen, von ihrem nicht mehr irdischen Ort aus mit uns „befassen".[6] Dabei entwickelt sich ein vielschichtiges Zusammenwirken von dies- und „jenseitigen", geistigen und wesenhaften Kraftströmen. Da diese Vielschichtigkeit in jedem einzelnen Falle sich wieder aus anderen schicksalhaften Zusammenhängen ergibt, dürfen Fallbeispiele und Berichte einzelner Ereignisse nicht verallgemeinert werden. Und wenn hier folgend zwei Beispiele aus Karl Spiesbergers Buch „Naturwesen" (Verlag Hermann Bauer, Freiburg, 1961) eingebracht werden, so unter diesem Vorbehalt und nur, weil sie die objektiv vorhandene Möglichkeit solcher „Eingriffe" beziehungsweise Mitwirkung von wesenhafter Seite bei Krankheits- resp. Gesundungsprozessen zeigen.

Der erste Fall beschreibt die Situation eines parapsychologischen Forschers, der an einer Bronchitis leidend im Halbschlaf lag, und beobachten konnte, „*... wie ein kleines, etwa spannelanges Wesen seinen Hals abtastete. Dasselbe befragt, erwiderte: ‚Wir arbeiten mit dem Doktor zusammen, der zu dir gekommen ist, um dir zu helfen. (...) Wir versuchen, mit unseren Händen die heilenden Kräfte an die richtige Stelle am Hals zu lenken, damit du recht bald gesund wirst.' Tatsächlich besserte sich das Befinden des Leidenden.*"

Im zweiten Fall handelt es sich um einen Kranken, der nachts wach in seinem Bett liegt und sieht: „*Wie aus einer Nische sechs putzige Wichtelmänner hervorkommen, sein Lager erklimmen und sodann sich um ihn bemühen. Sie zogen etwas aus seinen schwer erkrankten Organen heraus, ‚das wie dicke Fäden aussah'. Nach geraumer Weile verschwanden die Zwerge, der von*

---

6 s. Vortrag der Gralsbotschaft „Der geistige Führer des Menschen"

ihnen Behandelte schlief ein und fühlte sich anderntags ‚frisch und gesund‘.“

Auch bei solcher „medizinischer“ Hilfestellung durch Wesenhafte gehört unabdingbar die Bitte dazu, um für sie die Voraussetzungen zum gezielten Helfen zu schaffen. Diese Bitte kann sich mit ausdrücklichen Worten artikulieren, es kann aber auch einfach eine „nach oben“ gerichtete innere Haltung genügen, schlichter gesagt: ein Gebet. Und auf jeden Fall erfolgt die Hilfe streng im vorgegebenen Rahmen der Schöpfungsgesetze – nicht willkürlich. Deshalb spielt auch immer die karmische Situation[7] des betreffenden Menschen eine Rolle. Nicht zuletzt das ist ein gewichtiger Grund, warum es besser ist, die Beziehung zu den Wesenhaften nicht nach außen zu kehren, und sie dadurch zu stärken, daß davon „niemand nichts weiß“. Die Früchte der Beziehung sollen Erkenntnisse sein, und die reifen im stillen.

Noch unendlich vieles wäre zu ergänzen, um das große „Puzzle-Bild“ wesenhaften Wirkens und unserer Beziehung dazu auch nur annähernd zu vervollständigen. Der Zweck dieses Buches wäre schon erreicht, wenn es den Leser zum Nachdenken über seine Situation als Menschengeist in dieser Schöpfung anregen und ihm vermitteln könnte, daß er als Kreatur ein überaus großzügiges Gastrecht auf dieser Erde genießt – ihm vom Schöpfer eingeräumt, ihm zugeführt und erhalten durch wesenhaftes Wirken.

Noch heute lebt manches Element alten Wissens fort, zum Teil zu Formeln ritualisiert, aber doch noch da und sogar „in Ge-

---

7 s. auch Werner Huemer: „Die Wiederkehr Gottes“, Verlag der Stiftung Gralsbotschaft, Stuttgart, 2000 (S. 312 ff. „Gottesgerechtigkeit und Menschenschicksal“)

brauch". So scheuen sich im Jahr 2001 unsere bäuerlichen Nachbarn nicht, folgenden Standpunkt zu vertreten und ihn, neben manchen anderen „Regeln", auch nach Möglichkeit umzusetzen: „Wenn du einen Baum umschneiden willst, sprich mit ihm, und wenn du einen Holler (von altersher ein Gewächs besonderer Heil- und Segenswirkung) schneiden willst, nimm den Hut ab." Was steckt dahinter? Doch nur der Respekt vor und die Liebe zu den Werken und den Wesen dieser Schöpfung. Es ist nur eine kleine, leichte Empfindung, die einem durchs Gemüt zieht und die doch so viel bewirken kann in der wechselseitigen Beziehung.

Schon von unserer *geistigen* Geburt an stehen wir ja in dieser Beziehung. Denn beim Ausgang aus dem geistigen Reich, dem Paradies, auf dem Weg der Entwicklung zur Vollreife geistigen Bewußtseins – noch im keimhaften Zustand, als „Geistkeim" – umfängt uns schon wesenhafte Zuwendung: An die „Wiege" dieses frühen Augenblicks in unserem Sein treten lichte weibliche Wesenheiten heran – die Feen. Sie bringen allen Menschengeistkeimen wertvolle Gaben am Beginn ihres Entwicklungswegs durch die Nachschöpfung.

Da dieser Vorgang *am Anfang* unseres geistigen Seins liegt, während in diesem Buch die *heute* wieder zu gewinnende Beziehung zu den Wesenhaften in der grobstofflichen Erdenwelt das Thema ist, war von den Feen bisher nur beiläufig die Sprache. Doch die folgende Erklärung der Gralsbotschaft (aus dem Vortrag „Geistkeime") wird diese „Lücke" in der hier versuchten Skizze über unsere Beziehung zum wesenhaften Wirken schließen und zugleich einen weiten Ausblick auf das Gesamtbild des Themas geben.

Das Zitat setzt an jenem Punkte auf dem Weg der Geistkeime ein, wo sie über die Grenze des geistigen Reiches in den darunterliegenden, die unvergänglichen Welten abschließenden „Ring des Wesenhaften" hinabsinken:

»*In diesem wesenhaften Ring, in den der Geistkeim sinkt, sind Wesenheiten sehr verschiedener Arten, nicht ineinander vermischt, sondern wieder in einzelnen Ebenen untereinander stehend, je nach Art der Betätigung, in der sie schwingen.*

*Da finden wir, aus dem Geistigen kommend, an oberster Stelle des Ringes wunderbar zarte weibliche Wesenheiten, die, in dem Strahl der Liebe und der Reinheit schwingend, die Geistkeime entgegennehmen, sie in mütterlicher Fürsorge mit einem wesenhaften Mantel umhüllen und die also umhüllten Geistkeime, welche noch völlig unbewußt schlummern, in die Hände anderer weiblicher Wesenheiten leiten, welche der feinen Stofflichkeit näher stehen.*

*Diese wieder legen dem Keime eine zweite Hülle um, die wieder anderer Art ist, der Umgebung entsprechend, in der sie selbst sich befinden, und geleiten die dadurch wieder etwas schwerer gewordenen Keime abwärts zur obersten Schicht der Feinstofflichkeit.*

*Alle diese zarten weiblichen Wesenheiten unterstützen helfend die gesetzmäßigen, selbsttätigen Vorgänge. Sie sind von vollendeter Schönheit und waren in früheren Zeiten bereits vielen Menschen bekannt, denen sie sich hier und da einmal zeigen konnten. Sie wurden gütige Feen genannt, die um die sich entwickelnden Menschenseelen fördernd bemüht sind.*

*(...)*

*Aus diesen Vorgängen erstanden später die Erzählungen von den Geschenken der Feen an der Wiege der Kinder.*«

# Die Gralsbotschaft

*Paperback, 3 Bände*
*im Schuber*
*14 x 21 cm*
*1112 Seiten*
*ISBN 3–87860–240–5*

IN DEN JAHREN 1923 bis 1938 veröffentlichte Abd-ru-shin jene 168 Vorträge, die er aufeinander aufbauend zu seinem Hauptwerk »Im Lichte der Wahrheit – Gralsbotschaft« zusammengefaßt hat.

Der Autor gibt darin eine umfassende Erklärung der Schöpfung und ihrer fortdauernden Gesetze sowie deren Bedeutung für jeden einzelnen Menschen und jeden Lebensbereich. Er schuf damit ein Grundlagenwerk des Schöpfungswissens.

Die »Gralsbotschaft« ist in einbändiger oder dreibändiger Ausführung, als Paperback-Ausgabe (drei Bände im Schuber) und auch als Hörbuch-Ausgabe erhältlich.